Elisabeth de Lestrieux

GartenPracht
in Töpfen und Kübeln

Mit Fotos von Kees Hageman,
Rudolf Bom und Anton Schlepers

Vorwort von Jürgen Dahl

Gerstenberg Verlag

EINLEITUNG

Zur Einstimmung in dieses Buch, in dem ich Ihnen kunstvoll bepflanzte Töpfe in eleganten Arrangements vorstellen möchte, habe ich je eine Aufnahme von meinen beiden Liebhabereien ausgewählt: links eine Topfgruppe, deren Bepflanzung meiner Vorstellung von Schönheit und Duft gerecht wird, und unten zwei meiner sich stets von neuem regenerierenden Kätzchen, die vom Umgang mit schönen Töpfen ihre eigenen Vorstellungen haben!

Innerhalb der Pflanzengruppe ziehen die wundervollen Blüten der *Brugmansia sanguinea* eindeutig den Blick auf sich. Leider duften sie nicht, so daß ich dieses Manko mit Hilfe einiger Aroma spendender Gewächse ausgleichen muß: Die samtigen Blätter einer Duftpelargonie *(Pelargonium odoratissimum)* zum Beispiel machen dem Beinamen alle Ehre – keine andere Geranie übertrifft sie in dieser Beziehung; im Frühling nutze ich den frisch-süßen Zitronenduft der ansonsten ziemlich unauffälligen Kreuzblume, *Polygala chamaebuxus,* und zur Sommerszeit stelle ich Jasminzweige hinzu. Auch der von irgendwoher angeflogene Sämling der Engelwurz *(Angelica archangelica)* auf der Tischplatte steuert sein süßes Aroma bei. Farblich wird die Komposition durch die Blattstiele der *Idesia polycarpa* abgerundet, deren zartes Orange den entsprechenden Farbton der Blütenkelche wiederholt.

In der Phantasie lassen sich nahezu unendlich viele Pflanzen- und Topfgruppierungen ausmalen – mehr jedenfalls, als die Fotografen und ich in diesem Buch vorführen können, so großzügig sich der Verlag auch bei der Ausstattung zeigte. Ich hoffe aber, daß der Bruchteil des Möglichen, der Ihnen hier präsentiert wird, genügt, um Sie zu eigenem Experimentieren anzuregen.

Ich war bemüht, neben vertrauten Bekannten auch ungewöhnliche bzw. neu eingeführte Gewächse ins Rampenlicht zu holen, und bei längst nicht allen war die Identität von vornherein geklärt. Im Gegenteil, viele Stunden mußten mir die Spezialisten Kees Sahin, Rob Leopold und Daan Smit dabei helfen, die korrekten und heute gültigen botanischen Bezeichnungen zu erarbeiten. Ich danke den Genannten vielmals dafür, daß sie mir ihre Kenntnisse so uneigennützig zur Verfügung gestellt haben.

Unentbehrlich war mir auch das freundliche Entgegenkommen der auf Topfpflanzen spezialisierten Gärtner; in deren Sortiment habe ich manches extravagante Gewächs aufgespürt und nützliche Anregungen erhalten. Dankbar muß ich nun die vielen Töpfer und Terrakotta-Importeure erwähnen, aus deren Angebot ich nicht selten eine Auswahl für die Dauer einer Vegetationsperiode treffen durfte. Und mein Dank gilt schließlich den Eigentümern der vielen Gärten und Terrassen, die unseren Mitarbeitern die Erlaubnis zum Fotografieren gaben.

Ohne die unermüdliche Einsatzbereitschaft der drei Fotografen hätte dieses Buch nicht entstehen können: Kees Hagemann hat bei seinen Innen- und Außenaufnahmen, zum Teil auch im Ausland, unendlich viel Schönheit eingefangen; Ruud Bom wohnt glücklicherweise ganz in meiner Nähe und war stets zu kommen bereit, wenn meiner Ansicht nach diese oder jene Pflanze nun wirklich am allerschönsten blühte; Anton Schelpers hat einige wenige, aber bezaubernde Fotos aus seinem eigenen Garten beigesteuert.

Sie, lieber Leser, haben hoffentlich viel Spaß an diesem Buch – so wie wir bei dessen Zusammenstellung. Ich wünsche Ihnen Erfolg und Freude bei Ihrem eigenen Umgang mit Pflanzen und Töpfen und genügende Muße, um Ihre blühenden Stilleben so recht genießen zu können.

Elisabeth de Lestrieux Hendrichs

SCHNITT-FORMEN

Buchsbaum *(Buxus sempervirens)* ist kleinblättrig und immergrün, läßt sich ausgezeichnet in alle möglichen Formen schneiden und ist darüber hinaus recht einfach in Töpfen heranzuziehen. Kein Wunder also, daß *Buxus*-Schnittformen so überaus zahlreich sind. Besonders wenn sie paarweise auftreten, sind architektonische Formen reizvoll: Kugeln, Pyramiden und Spiralen können Durchgänge und Ecken betonen oder, wiederholt eingesetzt, kleine, Perspektiven vermittelnde Alleen bilden, die das Auge durch die Anlage leiten.

In dem hier abgebildeten Garten kommen die vier Pyramiden, welche die Kreuzung zweier Wege akzentuieren, vor dem Hintergrund der helleren Efeubeete schön zur Geltung (oben links). Im selben Garten steigern zwei kugelige Formen die Intimität des Sitzplatzes unter dem Rosengewölbe, und zwei Spiralen bilden einen lebhaften Kontrast zu der Akazienkugel und dem Rosenbogen.

Bei nicht allzu strengem Frost können *Buxus*-Figuren in Töpfen ohne weiteres unter freiem Himmel überwintern. Wenn allerdings über einige Wochen hinweg mit Temperaturen von weniger als −10° C gerechnet werden muß, ist es sinnvoll, die Töpfe in einem kühlen Gang oder in einer hellen Garage unterzubringen. Gleich nach der extremen Kälteperiode kommen sie wieder nach draußen, damit sie nicht vorzeitig austreiben. Selbstverständlich kann man die Töpfe bei großer Kälte auch sorgfältig umwickeln, beispielsweise mit Stroh oder Luftpolster-Plastikfolie. Dadurch wird ein Durchfrieren des Wurzelballens verhindert: eine Lösung für alle die Töpfe, die zum Transportieren zu schwer sind oder wegen ihrer Größe keinen anderen Platz finden.

Der Sichtschutz für die hier liegenden Tennisplätze wird durch hohe Hainbuchen-Hecken *(Carpinus betulus)* gebildet. Zu deren Füßen sorgen Reihen von Buchsbaum-Kugeln mit ihren tiefgrünen Blättchen für einen interessanten Farbkontrast, während zu beiden Seiten der Allee Buchsbaum-Pyramiden Akzente setzen.

Neben Buchsbaum *(Buxus sempervirens)*, aus dem auch die „Hühner" auf meiner Terrasse geschnitten sind, gibt es eine feinblättrige, immergrüne Ligusterart, die sich ausgezeichnet leiten und schneiden läßt, nämlich *Ligustrum delavayanum* (syn. *Ligustrum ionandrum)*. Leider ist sie nicht hundertprozentig winterhart, aber es mag ein Trost sein zu wissen, daß mein Hochstamm-Pfau, den ich schon vier Jahre lang besitze, nur während längerer Frostperioden in einen kühlen Flur gebracht werden muß. Bei milderem Wetter stelle ich ihn sofort wieder auf die Terrasse, damit er nicht vorzeitig austreibt. Während der Blütezeit von *Ligustrum delavayanum* sind sowohl mein „Pfau" als auch mein „Vogel am Trinknapf" in eine duftige Wolke von Weiß gehüllt. Zwar sehen die Gebilde dann nicht so „ordentlich" wie sonst aus, aber sofortiges Schneiden nach der Blüte stellt die Skulpturenform wieder her.

Als Neuheit kann ich verschiedene Tierformen aus Drahtgeflecht vorstellen. Solche „Schwäne" und „Hühner" werden auf Hecken befestigt und wachsen dann mit sachgerecht gezogenen Heckenzweigen vollständig zu. Man kann die Figuren aber auch an längeren Stäben befestigen und dann mit schnellwachsendem Efeu beranken lassen.

Wer rasch eine Reihe (einjähriger) Pyramiden sein eigen nennen möchte, sollte einmal die Sommerzypresse *(Kochia scoparia var. trichophylla)* ausprobieren, deren zartes Grün man in der Gruppe hinten links erkennt. Es gibt davon auch eine weiß gefleckte Art (*Kochia* ‚Acapulco Silver'). Beide erfreuen mit einer herrlichen Herbstfärbung. Diese dekorative Schmuckpflanze wächst zu einem 1 m hohen, reich verzweigten und dicht geschlossenen Busch mit langen, schmalen Blättchen heran. Die Blüten dagegen sind ganz unscheinbar. Man bezeichnet die *Kochia* zwar im allgemeinen als winterhart, sollte sie aber sicherheitshalber im leicht erwärmten Kasten unter Glas heranziehen, die Sämlinge pikieren und ab Mitte Mai in Keramiktöpfe umpflanzen.

Auf dem Tisch findet sich der Beweis dafür, daß man die Funkie *(Hosta)* hervorragend in Töpfen ziehen kann: Fünf Sämlinge der *Hosta undulata* ‚Vittata' haben den weiten Topf innerhalb von zwei Jahren ganz ausgefüllt.

Im Vordergrund steht ein hübsches Terrassenutensil in Form eines Terrakotta-Kissensitzes aus Italien.

Eine ausgewachsene Gardenie *(Gardenia)* sorgt in diesem Arrangement während der Sommermonate für den nötigen Duft.

Pudel- und Pilzformen

Auf der gegenüberliegenden Seite sind die „Pudel" zu bewundern, die eine Terrasse des Schlosses 's Gravenwezel in Belgien bewachen. Es handelt sich um Beispiele der seit alters her geübten Kunst, Gehölze in Formen zu schneiden, die an die Pfoten perfekt getrimmter Pudel erinnern. Auf Kupferstichen vergangener Jahrhunderte findet man Abbildungen solcher Skulpturen mit zwei, drei oder noch mehr Etagen. Die hier gezeigten dreistöckigen Pudel sind in Ligusterbüsche *(Ligustrum lucidum)* geschnitten, die kräftig blühen und intensiv duften. (Auf Seite 26 ist ein Exemplar in voller Blüte abgebildet). Solche und ähnliche *Ligustrum-lucidum*-Formen sind erst seit kurzem im Handel erhältlich. Die Blätter sind dunkelgrün und glänzen, die großen, weißen Blütenrispen erscheinen von August bis September. Bei $-5°$ C bis $-10°$ C benötigen die Pflanzen einen Winterschutz.

Die beiden unten abgebildeten „Pilze" befinden sich in einem holländischen Garten und akzentuieren dort den Eingang zu dem dekorativen Teepavillon. Es handelt sich um fünfjährige Exemplare der Myrte *(Myrtus communis* ,Compacta'), die aus Samen gezogen und während ihres Heranwachsens in solche Formen geschnitten wurden. Diese Myrte bringt aromatische Blätter und duftende, weiße Blüten hervor. Leider gehört sie zu den empfindlichen Pflanzen, die nicht völlig winterhart sind, und bedarf daher bei strengen Frösten und kalten Winden eines Schutzes. Hierfür eignet sich durchlässiges Material, das die Luftzirkulation nicht verhindert, wie zum Beispiel Farnwedel, Stroh oder welkes Laub von Herbstblühern. Den Schutzmantel stabilisiert man am besten, indem man ihn mit langen Stäben umgibt und dann mit Bast oder Bindfaden festbindet. In besonders strengen Wintern sollte man zusätzlich mit Jute oder Plastikfolie abdecken, es sei denn, man zieht es vor, die Töpfe mit den wertvollen Pflanzen im Haus unterzustellen.

Auf diesen beiden Seiten führe ich Sie in den Kräuter- und Blumengarten, den ich innerhalb der Umfassungsmauern von Schloß 's Gravenwezel entworfen habe. Im Zentrum der Anlage legte ich mitten auf den breiten Hauptwegen in Kreuzform Teiche an. In einem ebenfalls kreuzförmigen Beet voll duftender Minze *(Mentha requienii)* beherrscht die Steinsäule einer Sonnenuhr aus dem 18. Jahrhundert die Szene. Um diesen Mittelpunkt sind die Blumenbeete gruppiert, und zwar nach überliefertem Muster. Das Personal pflückt hier die Blumen, die jeweils in den Sälen und Zimmern des Schlosses sowie der Nebengebäude benötigt werden.

Die Blütenfarben der Kräuter sind denen der angrenzenden Blumenbeete angepaßt. An der Seite der neuen Orangerie, von wo aus diese Aufnahme gemacht wurde, liegen zuerst die Beete der grünen Schnittblumen, darunter auch Nieswurz *(Helleborus foetidus* sowie *Helleborus lividus ssp. corsicus).* Diese werden erst dann geschnitten, wenn sich die Samenschoten in den Blütenherzen zeigen, denn vorher welken die Stiele und machen den Strauß unbrauchbar. Darüber hinaus gibt es alle nur denkbaren winterharten Wolfsmilcharten *(Euphorbia),* dazu viele Beifuß-Arten *(Artemisia)* mit silbrigen Blättern und den grünlichen Blütenständen, die nicht nur in „grünen" Sträußen einen prachtvollen Anblick bieten. Es fehlt auch nicht die grüne China-Rose *(Rosa chinensis* ‚Viridiflora‘), die nicht duftet, aber interessante Smaragd-Schattierungen bietet.

An die grünen Blumenbeete grenzen die grün blühenden Kräuter, Engelwurz zum Beispiel und Majoran *(Angelica archangelica* bzw. *Majorana).* Bei der Anlage der Kräuterbeete wurde auch die Wuchshöhe berücksichtigt, so daß, ausgehend von dem duftenden Minze-Zentrum, erst die niedrigen Kräuter folgen, darauf die etwas höher wachsenden – und so weiter bis hin zu den allerhöchsten in den äußersten Ecken des Gartens.

An beiden Seiten gehen die grün und gelblich blühenden Gewächse in solche mit blauen Blüten über, weil die blauen Blumenbeete die Kräuterbeete an ihrer Rückseite U-förmig umschließen. Blickfänger sind zwei breite Beete mit Katzenminze *(Nepeta x faassenii),* aus denen heraus sich verschiedene Pflanzen emportürmen: Gruppen von blauen Rosen (‚Nil Bleu‘ und ‚Blue Moon‘, die beide ganz zart duften), und von spätblühenden *Hibiscus syriacus* ‚Oiseau Bleu‘, sowie die hohen rispigen Ähren der Perowskie *(Perovskia atriplicifolia* ‚Blue Spire‘) – eine sehr schöne Kombination. Hinter dem blauen Schnittblumengarten, jenseits eines Arbeitsweges, befindet sich der weiße Blumengarten, dessen mäandrierende Beete den Betrachter immer wieder zum Weiterlaufen und Staunen verführen. Das Weiß dieses Gartens geht in die Rosatöne des Rosariums in der Ecke über; die Rosenbeete sind hier mit einer silbrigen Decke von nicht blühendem Woll-Ziest *(Stachys byzantina* ‚Silver Carpet‘) versehen.

Ausgehend von der zartrosa Gartenecke verändert sich die Farbe der Blumenbeete über helleres Rosa und Purpur zu samtigem Rot, dann zu Gelbtönen, Aprikosenfarben und schließlich zu feinem Orange. Schließlich gelangt man wieder zum Standort der gelblich blühenden Kräuter.

Weiterhin gibt es eine Ecke mit Bambus und anderen Gräsern für die in östlichem Stil eingerichteten Zimmer; und an die Orangerieterrasse grenzt eine Abteilung mit kontrastreichem Blattwerk, die allerlei Zierlaub für Sträuße liefert.

Zu den Seiten 24/25
Die Seiten 24/25 bieten einen Überblick über den Wohngarten im Eingangsbereich und den Gang zum Hauptgebäude. An der Ecke steht eine *Magnolia grandiflora* im Topf, neben der Außentür eine Feige *(Ficus carica)*, die hier verwöhnt wird und sich nicht unter freiem Himmel ausgesetzt vorkommen muß. An der Innenwand des Ganges sind an Spalieren geführte Kamelien *(Camellia)* erkennbar, die später rosa blühen werden.

Auf zwei weitere Kletterer mit eßbaren Früchten sei hier hingewiesen: *Holboella latifolia* und *Holboella coriacea.* Beide bilden an ein und derselben Pflanze sowohl männliche als auch weibliche, duftende Blüten aus. Beim Bestäuben ist allerdings menschliche Hilfestellung notwendig, da die subtropischen Bestäuber gewöhnlich nicht im Wohngarten umherschwirren. Dafür wird man mit schlanken, purpurfarbenen Früchten belohnt. Die männlichen Blüten der *Holboella coriacea* sind grünlich-weiß und treten am Holz des Vorjahres auf, während die weiblichen, purpurnen Blüten an diesjährigem Holz erscheinen.

Auch die Akebie kann, wenn sie warm genug gehalten wird, längliche purpurfarbene Früchte entwikkeln. Für die Bestäubung ist, wie bei der *Holboella,* hier die Hilfe des Menschen nötig, da die Akebie früh im April blüht, wenn nur wenige Insekten unterwegs sind. Es bilden sich große rosafarbene weibliche und kleinere purpurne männliche Blüten, die in duftenden Trauben von den Zweigen herabhängen. Die Akebie im Wohngarten kann von Hand mit Hilfe eines Pinsels bestäubt werden; aber auch vorsichtiges Sprühen mit lauwarmem Wasser sorgt für eine ausreichende Verteilung des Blütenstaubes. Bei *Akebia trifoliata* sind die schlanken Früchte etwa zwölf Zentimeter, bei *Akebia quinata* sechs bis acht Zentimeter lang und eiförmig. Es ist ein besonderes Erlebnis, wenn die Früchte bei Vollreife weit aufplatzen. In Japan werden ihre Schalen geröstet und als Snack zum Aperitif gereicht.

Die Heimat der Akebie ist Mittelchina, Japan und Korea. Die zierlichen Triebe mit ihren gefingerten, fast wintergrünen Blättern können bis zehn Meter lang werden. Beachten Sie bitte, daß diese Pflanze durchlässigen, sandigen Boden benötigt.

Verglaste Terrassen

Zu dem Garten, den ich rund um diesen umgebauten Bauernhof entwarf, gehören auch große Terrassen mit gepflasterten Ausbuchtungen, die für verschiedene Sitzgruppen genutzt werden. (Auf den Seiten 190/191 finden Sie weitere Fotos von diesem Grundstück).

Genau über einer dieser Ausbuchtungen wurde, rechtwinklig zu einem kleinen Gewächshaus, ein geräumiger Wohngarten errichtet. Hier kann die Familie auch an regnerischen Sommertagen ihren, zum Zeitpunkt dieser Aufnahmen noch jungen, Garten genießen.

Die Kletterpflanzen an den gläsernen Außenwänden wurzeln direkt im Erdboden, und zwar in Aussparungen des Pflasters.

EINKAUFSBUMMEL: TÖPFE

Dieses Kapitel erspart Ihnen einen anstrengenden Gang durch die Auslagen der einschlägigen Geschäfte. Sie können bequem im Gartensessel sitzen bleiben und in aller Ruhe Ihre Wahl anhand von Fotos treffen. Ich möchte eine Fülle von Töpfen, Vasen, Schalen und Ornamenten vor Ihnen ausbreiten, die heutzutage produziert werden und käuflich zu erwerben sind. Viele der abgebildeten Gegenstände werden nach alten Mustern hergestellt und atmen den Geist vergangener Jahrhunderte. Es ist tröstlich zu wissen, daß man seine Sammlung mit solchen Schmuckstücken bereichern kann. Den echten Antiquitäten habe ich ab S. 156 ein eigenes Kapitel gewidmet.

Links auf dem Tisch werden Ihnen sofort mehrere gußeiserne Vasen auffallen. Sie stammen aus dem 19. Jahrhundert und sind teils lackiert und teils poliert. Aus der weiten gußeisernen Vase ragt, gerade eben noch sichtbar, ein toskanischer Terrakotta-Topf mit einer Baumskulptur hervor. Rechts daneben steht ein Topf derselben Art. Bei den bemalten Metallvögeln handelt es sich um Nachbildungen des Firmenzeichens eines Geflügelhändlers. Die beiden ocker-marmorierten Sockelvasen benutzt man am besten innerhalb des Hauses, denn sie sind bemalt und würden unter freiem Himmel ihre Schönheit einbüßen. Die Schalen und Töpfe sowie die Bauchvase aus hellem Steingut kommen von

dem weithin berühmten Töpferbezirk von Biot in Südfrankreich. Rechts davon sehen Sie eine kleine Auswahl von alten Krügen, in denen früher Calvados und Öl gelagert wurde, sowie einige Berber-Töpfe.

Das Herkunftsland des schönen handpatinierten Obstkorbs und der anderen Körbe (vorn in der Mitte des Tisches) ist Italien.

Am rechten Rand des Tisches stehen zwei französische Vasen aus dem 19. Jahrhundert. Sie haben separate, aber hier nicht sichtbare Füße. Den Abschluß bildet ein überaus geräumiges, gerilltes französisches Getreidefaß. Es steht auf dem Boden, und daher kann man seine schöne Form wie auch die handwerkliche Perfektion nur ahnen.

Wenn man teure, nach alten Mustern hergestellte Töpfe ersteht, hofft man natürlich, daß diese lange halten und im Winter nicht leiden. Ist man sich nicht sicher, daß das kostbare Stück strenge Fröste übersteht, dann sollte man es mit empfindlichen Gewächsen bepflanzen, die sowieso während der kalten Jahreszeit hereingeholt werden.

Rauchfarben

Das blau-graue Steingut auf der gegenüberliegenden Seite erhält seine interressanten Farbnuancen im Laufe eines besonderen Herstellungsprozesses: Indem man während des Brennens den rußigen Rauch des Holzkohlenfeuers durch den Ofen leitet, bewirkt man, daß die auf diese Weise entstehende Färbung nicht bloß oberflächlich haftet, sondern tief in das Material eindringt.

Nur einige der auf und unter dem Tisch arrangierten Gegenstände aus Spanien sind bemalt („pintado"): die ausladende Schale ganz links an der Wand, der kleine rechteckige Trog, ferner die drei dekorierten Töpfe unter dem Tisch. Alles andere ist „geräuchertes" Steingut, dessen Farbton vom Platz im Brennofen abhängt und sich noch verstärkt, wenn die Scherbe durch die Pflanzenerde feucht wird. Farbliche Bereicherung erfährt dieses Stilleben durch ein sehr schönes Exemplar der *Acalypha hispada* aus der großen Familie der Wolfsmilchgewächse.

Von den Herbstzeitlosen *(Colchicum agrippinum)* in dem kleinen Topf auf dem Foto zur Linken geht eine zarte Herbststimmung aus.

Colchicum-Arten eignen sich besonders gut für die Topfkultur: Da sie im Herbst ohne Blätter blühen, kann man sie ohne weiteres nach Blütenform und Farbe arrangieren. Die kräftigen Blattschöpfe entwickeln sich im Frühling und wirken in der Rabatte oft störend, während man sie im Topf einfach zur Seite stellt.

Weiße Töpfe und weiße Pflanzen

Gleich zweimal bestimmt hier Weiß das Bild: zur Linken in dem Sortiment von teilweise glasierten Terrakotta-Töpfen, deren Girlanden und Löwenköpfe beim Glasieren ausgespart wurden und braun blieben; zur Rechten in den französischen Porzellangefäßen, die zum Teil sehr schwierig herzustellen sind; denn die Ringe an den Körben sind lose und daher frei beweglich, und die fast filigranen Stäbe sowie die durchbrochenen Muster erfordern eine überaus große handwerkliche Geschicklichkeit.

Es handelt sich um die Kopien alter Korbwaren. Der große geschlossene Topf ist wiederum glasierte Terrakotta, diesmal holländischer Herkunft. Aus demselben Material sind auch die an Spargelbündel erinnernden Deckeltöpfe aus Italien.

Weiß blühende Pflanzen kommen in weißen Gefäßen erfahrungsgemäß am besten zur Geltung, wenn sie zusammen mit – nicht zu knapp bemessenem – Laub arrangiert werden. Dunkles Grün ergibt einen kräftigen Kontrast, während silbriges Blattwerk beruhigend wirkt.

Hier folgt eine Auswahl weißblühender Pflanzen bzw. Pflanzen mit silbrigem Blattwerk (in Klammern die Blütezeit in Monatsangaben):
Beifuß *(Artemisia)*,
Glockenblumen *(Campanula persicifolia)* (6-8),
Schleifenblume *(Iberis sempervirens* ‚Findel' oder ‚Schneeflocke') (4-5),
Günsel *(Ajuga reptans* ‚Riesmöve') (4-5),
Leimkraut *(Silene maritima* ‚Weißkehlchen') (5-6),
Silberimmortelle *(Anaphalis triplinervis)* (7-8),
Wollziest *(Stachys lanata)* (6-8),
Thymian *(Thymus pseudo- lanuginosus)*, als Unterpflanzung (6-8),
Sommermargerite *(Chrysanthemum max.* ‚Julischnee' oder ‚Polaris' oder ‚Schneelawine') (6-7),
Federborstengras *(Pennisetum compressum)*,
Ysander *(Pachysandra terminalis)* (4-6),
Für Halbschatten: Storchschnabel *Geranium macrorrhizum* ‚Biacovo' (6-8),
Silberkerze *(Cimicifuga simplex)*, (8-10),
Schaumblüte *(Tiarella cordifolia)* (4-5)

Es bedarf wohl keiner Erwähnung, daß sowohl glasierte Terrakottatöpfe als auch Porzellanbehälter auf jeden Fall vor dem ersten Nachtfrost ins Haus geholt werden müssen. Sinnvoll ist es auch, Gefäße ohne Drainage unter eine Überdachung zu stellen, so daß die Wassergaben exakt „von Hand" reguliert werden können. Zu den hier gezeigten offenen Porzellantöpfen gehört ein mattweißer Innentopf mit Drainageöffnung aus unglasiertem Porzellan.

Glasierte Töpfe aus Portugal

Glasuren in transparenten Farben, von Ocker bis Nachtblau und von Cremefarben bis Flaschengrün, passen hervorragend zu allerlei Blumen, Pflanzen und Früchten. Die große Abbildung zeigt unter dem grünen Dach einer *Radermacheria sinica* (syn. *Sterospermum sinicum*) eine Vielzahl von Farben und Formen. Töpfe und Vasen, Schüsseln und Schalen demonstrieren hier die Variationsmöglichkeiten portugiesischer Glasuren. Meist handelt es sich um Nachbildungen alter Gebrauchsgegenstände, in Originalgröße oder verkleinert; ein Beispiel ist der mattblaue Henkeltopf vorn rechts, Modell „Don Pedro" – wie man früher den Nachttopf bezeichnete.

Die Komposition zur Linken ist ganz in Gelb gehalten. Hier wird die kräftige Farbe der Sonnenblumen (mehrjährige *Helianthus multiflorus* ,Maximus' und einjährige *Helianthus annuus)* durch die Gelbtöne der Kürbisse, der nicht ausgereiften Tomaten und der portugiesischen Glasuren gesteigert.

Im folgenden unterbreite ich Ihnen einige Bepflanzungsvorschläge für die Töpfe, nach Blütenfarben geordnet (In Klammern die Blütezeit in Monaten). Weitere Pflanzen finden Sie ohne Schwierigkeit in den Katalogen von Versandgärtnereien oder bei Ihrem Lieferanten am Ort. Ihr Gärtner berät Sie, wenn Sie nicht sicher sind, ob die von Ihnen gewählten Pflanzen sich für Sie eignen.

Gelb, Goldgelb

Sonnenhut *(Rudbeckia fulgida ,Goldsturm')* (7-9),
Felberich *(Lysimachia punctata)* (7-9), Halbschatten,
Schafgarbe *(Achillea filipendulina ,Coronation Gold')* (6-9),
Nachtkerze *(Oenothera glauca)* (6-7),
Goldrute *(Solidago x hybrida ,Golden Shower')* (8-9),
Goldrute *(Solidago x hybrida ,Strahlenkrone')* (9-10),

Blau

Kissenaster *(Aster dumosus ,Prof. A. Kippenberg')* (8-10),
Salbei *(Salvia nemorosa ,Ostfriesland')* (6-9),
Hornveilchen *(Viola cornuta)* (5-9),
Ehrenpreis (Veronica longifolia ,Blauriesin') (7-8),
Dreimasterblume *(Tradescantia × andersonia ,Zwanenburg Blue')* (6-9),
Skabiose *(Scabiosa caucasica ,Clive Greaves')* (6-10).

Rot, Rosa

Sonnenbraut *(Helenium hybr. ,Moerheim Beauty')* (6-9),
Indianernessel *(Monarda hybr. ,Croftway Pink')* (7-8),
Blutweiderich *(Lythrum hybr. ,Rakete')* (6-8),
Prachtspiere *(Astilbe hybr. ,Fanal' oder ,Gloria')* (6-8),
Fetthenne *(Sedum cauticolum ,Robustum')* (7-9),
Knöterich *(Polygonum affine ,Superbum')* (7-10).

PRAKTISCHE GUSSFORMEN

Wer die Möglichkeit hat, eine alte Gußform zu erstehen, kann damit viele Zement-Repliken herstellen – vorausgesetzt, die Mischung stimmt und die Form ist nicht zu fein geschnitten. Auf diese Weise erhält man preiswert hübsche Gegenstände, die sich im Park oder Garten, auf dem Balkon oder auf der Terrasse dekorativ ausnehmen, wenn sie erst einmal verwittern und Moos angesetzt haben.

Sehr elegant wirkt die Säule mit dem gewundenen Band, die einem alten englischen Vorbild nachempfunden wurde. Sie ist von allerlei Gartenzubehör in Form von Tauben und Obstkörben umgeben (letztere sind auch auf Seite 128/129 zu bewundern), die man allesamt preiswert herstellen kann.

Viele Jahrzehnte lang waren solche Nachformungen klassischer Muster in den meisten europäischen Ländern in Vergessenheit geraten, da dort „moderne" Neuschöpfungen bevorzugt wurden. Aber in England sind die Reproduktionen nie aus der Mode gekommen und gelangen nun von dort in wachsendem Maße wieder auf das Festland, wo sie von Jahr zu Jahr stärker gefragt sind. Auch Italien drängt auf den Markt. Meist handelt es sich um die Repliken antiker römischer Motive, wie zum Beispiel Pinienzapfen, Füllhörner, sarkophagähnliche Tröge und Obelisken, sowie um klassizistische Formen, wie Urnen der verschiedensten Art, italienische und französische Jardinieren, Sonnenuhren u. a. Auf den Seiten 122/129 gehe ich näher auf solche Gegenstände ein.

Das Foto rechts zeigt ein Studio-Arrangement, das aus gegossenen Vasen spanischer Herkunft sowie kleinen Vogeltränken aus Holland besteht, deren Ränder mit Fruchtkränzen verziert sind.

Als Pflanzendekoration dienen hier ein großer *Papyrus,* eine ausladende *Radermacheria sinica* und zwei *Carynocarpus laevigatus* mit festen, glänzenden Blättern.

ZITRUS-PFLANZEN

Die mannigfachen Erscheinungsformen der Zitrussträucher verführen manchen ehrgeizigen Gartenliebhaber dazu, eine möglichst vollständige Sammlung anzulegen. Auf diese Weise kann er das ganze Jahr über duftende Blüten bewundern und saftige Früchte genießen. Das Suchen und oftmals auch das Aufspüren von neuen, besonderen Sorten ist eine faszinierende Beschäftigung, die viel Freude zu bereiten vermag. Meine Sortenliste soll Ihnen dabei helfen.

Am schönsten kommen *Citrus*-Bäumchen zur Geltung, wenn sie einzeln und ohne Unterpflanzung in ihren Kübeln stehen. Das erleichtert auch das Düngen; wer nämlich die vielen duftenden Blüten in ebenso viele Früchte umsetzen möchte, darf die Bäumchen nicht unterernähren. Düngen Sie aber mit Bedacht, denn sonst entstehen nur Blätter.

Auf diesen beiden Seiten zeigen sich die Bäumchen zum einen im Winterquartier, der Orangerie (in einem bildhübschen italienischen Topf von zirka 1810), und zum anderen draußen in Sommeraufstellung, wirkungsvoll in sogenannten Versailles-Kästen ausgerichtet.

Die letzteren erhielten ihren Namen nach dem Schloß Ludwigs XIV., in dessen riesigem Garten solche Behälter zuerst eingesetzt wurden. Es gibt sie in verschiedenen Größen, und man kann unter mehreren Materialien wählen: Holz (unter dessen Arten sich Teak als besonders witterungsbeständig erwiesen hat), Kunststoff oder Metall. Zum Anstreichen wählen die meisten Gartenfreunde weiße Farbe.

Citrus limon bildet neben der Sukkadezitrone und der Grapefruit die größten Blüten. Diese sind stark duftend, und die Außenseiten der Blütenblätter haben einen feinen purpurrosa Farbton. In unserem Klima brauchen Zitronen zwei Jahre zum Reifen, und aus diesem Grund wird man immer Früchte und Blüten gleichzeitig an einem Baum finden, wie auf unserer Nahaufnahme deutlich zu sehen ist.

Das Foto unten zeigt, wie bereits das auf Seite 51, eine „Paradeaufstellung" von Zitrus-Sträuchern, nur daß es sich hier um Terrakotta-Töpfe handelt. Auf dem Foto zur Rechten hüllt ein prachtvoller Zitronenbaum den Freisitz im Innenhof des Schlosses 's Gravenwezel in angenehmen Duft. Der Tisch aus feinkörnigem Naturstein („massa serena") wurde Ende des 17. Jahrhunderts in Italien hergestellt. Heute sind auch Kopien aus härterem Material erhältlich.

Pflanzenerde für Zitrusbäumchen
Wenn Sie Zitrus-Bäumchen kaufen, werden Sie feststellen, daß diese in einer Mischung von dunklem Humus und schwerem, lehmigem Boden wurzeln. Spezialgärtnereien bieten meistens fertig gemischte Zitrus-Erde an und kommen damit den Wünschen vieler ihrer Kunden entgegen. Düngerratschläge erteilen dieselben Fachleute bereitwillig.

SUKKULENTEN

Unter den Dickblattgewächsen gibt es eine Anzahl von Sorten, die mit einem Minimum an Pflege auskommen. Tägliches Gießen ist nicht nötig, weil diese Pflanzen in ihren dicken Blättern einen guten Wasserspeicher besitzen. In den Ursprungsländern dieser Sukkulenten gibt es lange Trockenzeiten, und es herrschen weit höhere Durchschnittstemperaturen als bei uns; das ist der Grund für ihre Genügsamkeit, aber auch für die Tatsache, daß sie nicht unter freiem Himmel überwintern können.

Das große Bild links zeigt eine Pflanzengruppe, die bei mir eigentlich immer drinnen steht – nicht nur, weil das dem schmiedeeisernen Gartenstuhl (von ca. 1835) besser bekommt, sondern auch, weil die indischen Vorratsgefäße aus massivem Holz (19. Jh.) beim ständigen Wechsel zwischen naß und trocken auf die Dauer springen würden. Aus diesem Grund wählte ich als „Füllung" auch Fetthennenpflanzen, die mit sehr wenig Wasser zufrieden sind. Im größten Topf wächst die bekannte Rotgefärbte Fetthenne *(Sedum rubrotinctum* ‚Aurora'), der etwas niedrigere enthält *Adromischus festivus*, der mit seinen bauchigen, gefleckten Blättern die gesamte Topfoberfläche bedeckt. Das ganz kleine kugelige Holzgefäß wird von einem *Pachyphytum oviferum* mit blauschimmernden Blättern bewohnt; unter dem Gartenstuhl macht sich eine Kanonierblume *(Pilea microphylla)* mit ihrem an feine Klöppelspitze erinnernden Blattwerk breit. In dem hübschen, restaurierten Massivholzfäßchen fühlt sich die *Rhipsalis mesembryanthemoides* wohl, und in dem Käsebottich neben ihr wächst ein Korallenkaktus, der botanisch *Hatiora salicornioides* heißt.

Die Abbildung unten bietet ein Kontrastprogramm mit stabilen *Hosta*-(Funkien-)Blättern vor ganz zarten Farnwedeln und im Vordergrund einigen Töpfen voller silbriger Rosetten von *x Graptoveria* ‚Calva', einer Kreuzung von *Graptopetalum* und *Echeveria*.

Wer sich speziell für solche und viele andere rosettenbildende Dickblattgewächse interessiert, sollte bei Gelegenheit dem Botanischen Garten der Universität Amsterdam einen Besuch abstatten; hier gibt es ganze Gewächshäuser mit diesen Pflanzen in allen Variationen, und im Sommer sind viele von ihnen im Freien gruppiert. Das gleiche gilt für viele botanische Gärten in Deutschland sowie im benachbarten Ausland. Immer ist es ein besonders eindrucksvolles Erlebnis, die geometrischen Formen der Sukkulenten zu betrachten. Im Winter müssen alle hier gezeigten Arten und Sorten unbedingt ins Haus geholt werden.

Rosettenpflanzen

Die hier fotografierte Gruppe rosettenbildender Sukkulenten bietet den ganzen Sommer hindurch ein sehr schönes Farbenspiel, und zwar allein durch ihr Blattwerk; die manchmal seltsam gefärbte Blüte ist ein erfreuliches, aber nicht notwendiges Extra. Den besten Platz in der Mitte nimmt eine *Echeveria glauca* ein; schon der Name weist auf die intensive Blaufärbung der Blattrosette hin. Sie hat die Eigenschaft, sich durch die Bildung von Tochterrosetten schnell auszubreiten und in kurzer Zeit einen Topf zuzuwachsen. Im Winter muß diese blaue Echeverie ins Haus, und zwar an einen hellen Ort. (Auch die übrigen hier gezeigten Pflanzen, das Buchsbäumchen natürlich ausgenommen, vertragen keinen Frost.) Die kerzengerade aufrecht stehenden Stengel tragen Blüten von kräftigem Rosa und Gelb und geben dem Arrangement wochenlang einen festlichen Farbton. Wenn im Spätsommer die welken Blüten herausgeschnitten sind, wirkt die Pflanzung ruhiger – ein Zustand, der die Herbststimmung zeitlich etwas vorwegnimmt.

Völlig anders wächst eine Echeverie mit dem Namen „Perle von Nürnberg". Sie bildet keine neuen Rosetten aus, sondern der Stengel mit den purpurnen Blättern wird einfach immer länger und imposanter. Im Handel wird sie häufig als Minipflanze angeboten (siehe auch Seite 101). Kleine Exemplare entwickeln schneller als die hier gezeigte große Pflanze eine beige-weiße Blüte. Beide *Echeveria*-Arten lassen sich einfach vermehren: man braucht nur eine kleine Tochterrosette bzw. ein abgebrochenes Blatt in etwas sandige Erde zu stecken.

Rechts vor dem Korallenkaktus ist eine *Kalanchoe farinacea* zu sehen, deren signalrote Blüte mit dem Blaugrün der Blätter konstrastiert. Die junge *Haworthia attenuata* var. *caespitosa* legt elegant ihren Blütenstengel über die kleinen Verwandten im Vordergrund. Sukkulentenstecklinge sind heutzutage überall preiswert zu haben, so daß man leicht die verschiedensten Arten in großer Zahl heranziehen kann.

Hinten links in der Gruppe sorgt das überhaupt nicht fette Blatt einer neuen Sauerkleeart, *Oxalis arifolia*, für farbliche Abwechslung.

Hauswurz *(Sempervivum)* und Donarsbart *(Jovibarba)* wachsen auch in den „unmöglichsten" Gefäßen, wie zwei Beispiele zeigen:

Die hängende Terrakotta-Schale aus viktorianischer Zeit ist zwar bildhübsch, aber denkbar ungeeignet für einen Wurzelballen. Eine *Jovibarba*-Art bildet dicke Rosettenkissen aus, ohne daß man etwas dazu tun müßte. Hier hängt die Schale an einem Ast unter den Früchten eines Birnbaumes, der seinerseits einen lebenden Gast beherbergt: eine Waldrebe *(Clematis orientalis)*, die unbeirrbar Blüten hervorbringt, auch wenn sie schon wollige Samenkugeln trägt.

Ein anderes gutes Beispiel (siehe das Foto auf Seite 61) für das Besiedlungsvermögen der beiden Arten ist das alte, aus Beton gegossene Taufbecken, das dicht an der Hauswand steht; dort bekommt es bei jedem Regenguß einen Wasserfall von meinem Reetdach ab, was die *Sempervivven* aber offensichtlich nicht stört, um so weniger, als das Becken eine große Drainageöffnung besitzt und die Wassermassen gleich wieder ablaufen können. Waldrebe (hier *Clematis fargesii*) und Blaue Passionsblume bringen Farbtupfer ins Bild; links öffnet sich soeben eine Blüte der letzteren.

Meine Clematis ist winterhart; aber diese erfreuliche (und praktische!) Eigenschaft besitzen bei weitem nicht alle Arten dieser Gattung. Um sich Enttäuschungen zu ersparen, sollte man daher nur bewährte kleinblütige Arten und großblumige Hybriden pflanzen, und zwar stets so, daß der Behälter mit dem Wurzelballen beschattet ist und die Triebe sich zur Sonne hin entwickeln können. Jede Clematis pflanzt man zehn Zentimeter tiefer, als man sie beim Kauf im Plastiktopf vorfindet, damit sich neue Wurzeln oberhalb der Veredlungsstelle bilden

Die Passionsblume ist strengen Wintern nicht gewachsen. Werden jedoch die Ranken heruntergeholt, kreisförmig auf den Boden gelegt und abgedeckt, und zwar am besten mit einer dicken Laubschicht, die man mit Maschendraht fixiert, hat auch *Passiflora caerulea* eine gute Überlebenschance.

Die Nahaufnahme unten zeigt die Himalaya-Hauswurz, *Sempervivella alba.* Ebenso wie die *Sempervivum*- und *Jovibarba*-Arten bleibt auch sie ganzjährig grün und kann im Freien überwintern.

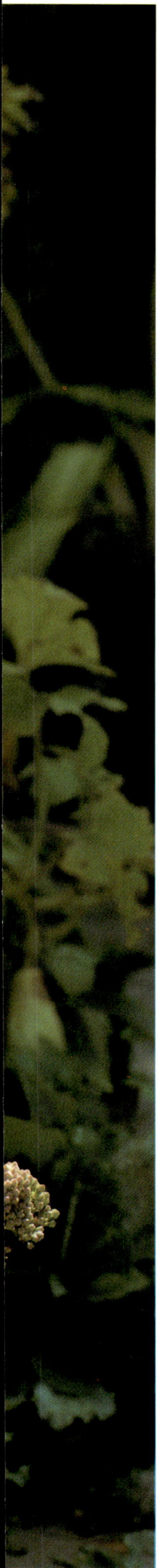

Hängende und doldenblütige Arten

Auf diesen beiden Seiten werden einige andere Beispiele für die vielen dickblättrigen Pflanzen vorgestellt, die im Topf gedeihen. Links kann man die elegante, überhängende Wuchsform von *Sedum sieboldii* ‚Variegatum' bewundern. Die hellrosa Blütendolden erscheinen erst im Spätsommer an den Spitzen der Ranken. Diese Art wird meist als Zimmerpflanze angeboten, hat bei mir aber auch einen sehr strengen Winter im Freien überlebt. Rechts unten ist eine *Sedum*-Art zu sehen. Gerade diese gedrungen wachsenden Arten sind für Töpfe geeignet, weil sie Trockenheit leicht vertragen. Eine davon, die „Tripmadam" (*Sedum rupestre*) ist ein apartes Salatgewürz.

Das Foto rechts oben vermittelt einen Eindruck von dem kräftigen Wuchs und der hübschen Blüte der Fetthenne (*Sedum spectabile*), die nicht nur als Rabattenpflanze, sondern auch als Topfgewächs im Herbst unzählige Schmetterlinge anlockt. Auf dem Tisch präsentiert sich ein Exemplar von *Sedum sieboldii*, das einfarbiges blaugrünes Laub hat (wie der fehlende Zusatz ‚Variegatum' anzeigt). Aus der nahezu unerschöpflichen Zahl von *Sedum*-Arten und -sorten, die dem Gartenliebhaber zur Verfügung stehen, seien einige bewährte genannt (in Klammern die Blütezeit in Monaten).

S. cauticolum, purpurrot (9–10)
S. ewersii, rosa (8–9)
S. spathulifolium ‚Capa Blanca', gelb (5–7)
S. spectabile ‚Atropurpureum', rotpurpurn (8–10)
S. spurium, rosa, (6–7)
S. spurium ‚Schorbusser Blut', tief dunkelrot
S. telephium ‚Herbstfreude', 40 cm, Langblüher

Ohne Frage ist das Ziehen von *Aeonium*, *Agave* oder *Aloe* in südlichen, wärmeren Ländern viel einfacher als bei uns, da wir diese Sukkulenten während des Winters ins Warme tragen müssen. Abgesehen davon sind sie anspruchslos und haben kaum Pflege nötig. Ohne Aufwand erzeugen sie mit ihren festen, oftmals scharf gespitzten Blattrosetten eine exotische Atmosphäre – ob sie nun in Gruppen von ihresgleichen zusammenstehen oder ihren Platz als Einzelexemplare zwischen feinblättrigen Gewächsen gefunden haben. (Beispiele hierfür zeigen auch die Fotos auf den Seiten 40/41, 76/77, 80 und 140).

Wenn Sie solche Pflanzen anschaffen, sollten Sie auf eines besonders achten: Die flachen Schalen, in denen sie meist verkauft werden, haben oft keine Drainageöffnungen im Boden, und das kann, wenn die Pflanzen im Regen stehen, katastrophale Folgen haben. Also sollten Sie entweder mit Hilfe eines Steinbohrers für ausreichende Drainage sorgen, oder aber – und das ist die bessere Lösung – Sie topfen Ihre kostbare Erwerbung gleich in ein Gefäß mit den nötigen Löchern um. Dies ist auch deshalb ratsam, weil bei frisch gekauften Pflanzen ein Umtopfen überfällig zu sein pflegt; denn der Wurzelballen drückt meistens bereits zu hart an die Topfwand. Wenn Sie den Topf gut durchfeuchten und dann rundherum kräftig auf den Boden klopfen, werden sich die Wurzeln unbeschädigt lösen. Bei Plastiktöpfen hilft das „Kneten" des Kunststoffs. *Aeonium* und *Agave* werden in handelsübliche Kaktuserde gesetzt; die Aloe liebt zusätzlich eine Handvoll Sand.

Auf den unteren Fotos sehen Sie links neben dem Eingang prächtige Exemplare der *Agave attenuata* mit ihren starken blaugrünen Rosetten und gegenüber die kleineren Rosetten der *Aloe stricta* mit langen, rosafarbenen Blütenständen. Ganz rechts erkennen Sie einen Wald von *Aloe arborescens*, davor die dicken, vollen Rosetten des *Aeonium haworthii*, das hier (in Portugal) direkt im Erdboden wurzelt. In unserem Klima ist das nicht möglich, wir müssen auf Pflanzschalen zurückgreifen.

Auf dem Foto unten links ist vor der Agave ein selten schönes Exemplar von *Aeonium cuneatum* in einem himmelblauen Topf zu bewundern. Den großen bauchigen Henkeltopf bewohnt eine strauchähnliche *Crassula ovata* (Dickblatt), ein weiterer vor dem Fenster enhält wiederum *Aloe arborescens*. Davor erstreckt sich ein Beet mit rotblühenden Mittagsblumen (*Mesembryanthemum rosens*), die eng verwandt mit der *Lampranthus* der vorhergehenden Seite sind.

Auf dem Foto rechts oben sehen Sie eine schöne Sammlung von *Duddleja pulverulenta* mit intensiv blauen Blattrosetten, zu welchen die weißgelben Blütenstengel einen feinen Kontrast bilden.

NATÜRLICHER BEWUCHS

Oft sind weder Topf noch Vase nötig, um interessanten Gewächsen einen Lebensraum zu bieten: Stein und Beton setzen von sich aus Moos an, in Dachpfannen und Mauerlöchern finden Pflanzen ohne weiteres Unterschlupf, und an Baumstämmen ranken Kletterpflanzen, eigensinnig, wie sie sind, „einfach so" empor.

Gebäude und Gartenornamente aus Naturstein erhalten nach und nach einen dem Stein zwar nicht immer zuträglichen, aber dekorativen Überzug aus Flechten. Ein schönes Beispiel hierfür ist die Balustrade dieses Weihers in Portugal (links). In den Steinvasen wachsen Efeupelargonien (*Pelargonium peltatum*).

In warmen Ländern siedeln sich *Aeonium*-Arten auf Dachpfannen an (unten), bei uns *Sedum*-Arten sowie die Hauswurz (*Sempervivum*).

Pflanzen auf Mauern

Alte Mauern, deren verwitterte Bindemittel bröselig geworden sind, können sich in locker bewachsene Pflanzenwälle verwandeln (oben links). Angeflogene Samen der umstehenden Gewächse nisten sich oftmals ein und werden (wegen des knapperen Wasser- und Nahrungsangebotes in den Mauerspalten) zu Miniaturausgaben der Mutterpflanzen. Auf diese Weise ergeben sich hübsche und farbenfrohe Vegetationsbilder. Soll die Mauer noch bunter werden, können Sie mit Kriechgewächsen nachhelfen, beispielsweise mit Zwerg-Löwenmaul (*Antirrhinum pumilum* ‚Floral Carpet'), das nur 20 cm hoch wird und sehr reich blüht, der rankenden Lobelie (*Lobelia erinus* ‚Pendula' ‚Saphir') mit tiefblauen Blüten und weißem Auge sowie anderen blühenden einjährigen Pflanzen. Versuchen Sie es auf jeden Fall auch mit dem Frauenmantel (*Alchemilla mollis*), und beobachten Sie, wie unglaublich schnell sich die ganze Mauer mit den gezackten bläulich-grünen Blättern dieser vielseitig verwendbaren Staude bedeckt.

Pflanzen an Bäumen

Allerlei rankenden Gewächsen kann ein lebender bzw. abgestorbener Baum als Kletterhilfe dienen und so dazu beitragen, unansehnliche Stämme oder kahles Astwerk zu begrünen und mit Blüten zu versehen (unten links). Am einfachsten geht das mit *Hedera helix*, dem allseits bekannten gewöhnlichen Efeu, der sich am Stamm seines Kletterbaumes emporwindet und später lange Ranken von dessen Ästen herabhängen läßt.

Schön zur Geltung kommen in solchen Bäumen auch Rosen (z. B. *Rosa filipes* ‚Kiftsgate' mit ihren bis zu zwanzig Meter langen Ranken voll duftender Blüten), *Clematis*-Arten (die ja nicht umsonst bei uns ‚Waldrebe' heißen), Geißblatt (fast alle *Lonicera*-Arten vertragen Schatten problemlos) und die kletternde Hortensie mit dem botanischen Namen *Hydrangea anomala ssp. petiolaris.* Die letztere hat efeuähnliche Haftwurzeln und klettert in wintermilden Gebieten bis zehn Meter hoch.

Pflanzen auf Dächern

Insbesondere auf alten Dächern tritt häufig spontaner Bewuchs auf. Wind und Wetter haben im Laufe der Zeit Blätter und anderes natürliches Material zu Humus zersetzt und gleichzeitig die verschiedensten Samenkörner herantransportiert (rechts). Wenn Sie der Natur Hilfestellung leisten wollen, können Sie das mit etwas Humuserde tun, die Sie mit Maschendraht fixieren.

In diesem vorbereiteten „Beet" werden sich rasch junge Farne, zum Beispiel der Gewöhnliche Tüpfelfarn (*Polypodium vulgare*), Zymbelkraut (*Linaria cymbalaria*), Thymian-Pflänzchen und vielleicht sogar die Korsische Minze (*Mentha requienii*) ansiedeln. Von der Pfefferminze und anderen stark wuchernden Gewächsen ist abzuraten, weil diese möglicherweise die Pfannen anheben und das Dach zerstören.

Dagegen ist der vermehrungsfreudige Mauerpfeffer (*Sedum acre*) mit seinen leuchtend gelben Blüten unbedenklich, und robuste ‚Dachwurze' (*Sempervivum*) empfehlen sich von selbst. Zu den letzteren zählen die Semperviven mit großen Rosetten:

S. tectorum ‚*Robustum*', der echte Hauswurz
S. hybridum ‚Mahagoni'
‚Metallicum Giganteum'
‚Othello'

und diejenigen mit mittelgroßen Rosetten:

S. hybridum ‚Smaragd'
‚Noir'
‚Granat'
‚Rubin'
‚Topas'.

WASSERTONNEN

Die Kultur von Wasserpflanzen in Kübeln und Fässern ist eine überaus befriedigende Beschäftigung, die schöne Ergebnisse hervorbringen kann. Zwar habe ich einen Gartenteich mit blühenden Wasserpflanzen, quakenden Fröschen, tanzenden Libellen und anderen wasserliebenden Insekten, aber fast noch mehr erfreue ich mich an den Wachstumsvorgängen in meinen acht Wassertonnen auf den Terrassen.

Meine Beschäftigung mit den Wassertonnen kam eigentlich mehr zufällig zustande: Ich wollte herausfinden, welche Gewächse in solchen Tonnen winterhart sind und welche nicht – und die gemachten Erfahrungen denen zur Verfügung stellen, die nur über einen kleinen Garten oder einen Balkon verfügen. Aber ganz schnell wuchs meine eigene Begeisterung für diese kleinen nassen Lebensräume, und inzwischen genieße ich sie sehr. Täglich komme ich mit ihnen bei den verschiedensten Gelegenheiten in Berührung; ich trinke den Frühstückskaffee oder ein Glas Wein in ihrer Nachbarschaft, und selbst wenn ich nur in Eile vorbeikomme, erfreut mich ihr Anblick. Jedes Jahr im Mai staune ich dann aufs neue über all das, was nun grünt und blüht und doch ein paar Wochen vorher nicht mehr als ein Eisklumpen war.

Behandlung im Winter

Im Lauf der Jahre habe ich die Erfahrung gemacht, daß Seerosen (*Nymphaea*-Arten) während strenger Winter in relativ flachen Gefäßen erfrieren. In hohen Tonnen von 70 cm Durchmesser und etwa derselben Höhe überleben sie lange Frostperioden. In milden Wintern reichen ihnen auch die flacheren Tonnen, die auf diesen Seiten zu sehen sind.

Für alle im Freien überwinternden Holz-Wassertonnen ist es absolut notwendig, daß täglich ein Loch in die Eisdecke gehackt wird. Hierfür eignet sich eine gewöhnliche Handaxt (Näheres s. S. 199).

Seerosen und andere Wasserpflanzen

Hohe Wassertonnen erfordern Seerosenarten, für die eine Wassertiefe von 30 bis 100 cm angegeben wird. Auf den Seiten 78/79 handelt es sich um die zartrosa blühende *Nymphaea* ‚Marliacea Carnea' und die weiße *Nymphaea odorata* ‚Alba'.

Darüber hinaus leben in diesen Tonnen der schwimmende Wassersalat (*Pistia stratiotes*), der Froschbiß (*Hydrocharis morsus-ranae*) sowie andere, aber unter der Wasseroberfläche nicht sichtbare, sauerstoffproduzierende Gewächse, die das Wasser klar halten. Auf Seite 78 ist das malerisch über den Tonnenrand wuchernde, nicht ganz winterharte Tausendblatt *Myriophyllum aquaticum* (syn. *Myriophyllum proserpinacoides*) zu sehen.

Links oben blüht eine meiner Lieblings-Wasserpflanzen, der duftende Fieberklee (*Menyanthes trifoliata*), der in allen seinen Organen Bitterstoffe enthält und deshalb bei uns auch Bitterklee genannt wird. Vor allem das Blatt wurde in der Heilkunde angewandt; dort trägt es die Bezeichnung *Folium trifolii fibrini*. Außerdem benutzt man sein Aroma bei der Spirituosenherstellung. Die duftende Blüte erscheint schon im Mai und entwickelt Trauben mit weißlich roten, gefiederten Blütchen. In derselben Tonne wächst auch die Sumpfkalla (*Calla palustris*), deren wunderschöne Fruchtkapsel auf Seite 155 abgebildet ist.

Eine Vielzahl der unterschiedlichsten Wasserpflanzen ist links unten in einer kleinen Wassertonne zu entdecken; sie bilden einen starken Kontrast zur Agave und Aloe; am hinteren Rand wächst der Tannenwedel (*Hippuris vulgaris*), weiter links das elegant sich hinauslehnende Sumpf-Fingerkraut (*Potentilla palustris*), außerdem das Pfeilkraut (*Sagittaria sagittifolia*) und die weiße Form der wohlbekannten Sumpfdotterblume, botanisch *Caltha palustris* ‚Alba'. Im Zentrum dieser kleinen Wasserfläche siedelt eine Wasserhyazinthe (*Eichhornia crassipes*), die nur in sehr warmen Jahren ihre wunderschöne blaue Blüte entwickelt, aber sich auch in den bescheidensten Sommern durch die unermüdliche Bildung von Ausläufern vermehrt.

Das Prachtstück unter meinen kleinen Wasser-Biotopen sehen Sie auf dieser Seite: ein Fäßchen mit der nicht winterharten, aber ganz entzückenden Mini-Seerose *Nymphaea* ‚Pygmaea Helvola'. In diesem Gefäß ist außerdem die Wasserähre (*Aponogeton distachyos*) zu finden, die früh im Jahr schöne, nach Vanille duftende Blüten ausbildet. Es ist zweifelhaft, ob sie winterhart ist – ich verfrachte daher dieses Wasserarrangement, welches auch noch ein kleines Exemplar des Wasser-Aronstabes (*Lysichiton camtschatcensis*) enthält, vor Beginn der kalten Jahreszeit sicherheitshalber ins Haus.

Pflanzerde und Düngung

Selbstverständlich kann man auch für Wasserpflanzen die Bodenmischung selbst herstellen; ich pflege es mir einfacher zu machen und kaufe fix und fertig gemischten „Teichgrund", der sackweise im Handel erhältlich ist. Für die kleinen Tonnen reicht ein Sack aus, in die größeren Seerosentonnen kommen zwei oder drei. In Gefäße mit Sumpfpflanzen gehört natürlich mehr Erde, weil diese nur eine gute Handbreit Wasser vertragen. Eine Düngung ist völlig überflüssig – Ihren Gartenteich düngen Sie ja schließlich auch nicht! –, außer wenn Sie eine Tonne mit der Indischen Lotosblume (*Nelumbo nucifera*) bestükken wollen. Dann empfiehlt sich als Pflanzgrund eine Mischung aus einem Viertel Erde und drei Vierteln gut zersetztem Mist.

Schlammtonnen

Nicht abgebildet sind die „Schlammtonnen" – so nenne ich Behälter, in denen ich Sumpfpflanzen heranziehe. Dazu gehören die Wasserminze (*Mentha aquatica*) mit ihren duftenden Blättern, die Bachnelkenwurz (*Geum rivale*) mit schöner Blatt- und Blütenform (auf Seite 99 ist sie mit grünlicher Blüte zu sehen) und der riesige Nesselschirm (*Gunnera manicata*), der bei drei bis vier Metern Höhe Blätter von zwei Metern Durchmesser entwickeln kann. So beeindruckend sie im Sommer sind, so kälteempfindlich erweisen sie sich: sehr guter Winterschutz, vorzugsweise mit Strohballen, ist daher notwendig.

DER STECHAPFEL

Eigentlich müßte die Überschrift dieses Kapitels *BRUGMANSIA* lauten; denn der größte Teil dieser herrlich duftenden Stechapfel-Gewächse heißt heute nicht mehr *Datura*, sondern wie früher *Brugmansia*. Man wird sich daran gewöhnen – aber vorläufig bekommt der Gartenliebhaber nur bei dem zuerst erwähnten Namen leuchtende Augen.

Auf der großen Abbildung ist die prächtige *Brugmansia suaveolens* ‚Knightii' mit ihren doppelten weißen, bis zu dreißig Zentimetern langen Blütenkelchen zu bewundern, welche den englischen Namen ‚Angel's Trumpet' wie auch das deutsche Pendant ‚Engelstrompete' ohne weiteres nahelegen. Die Aufnahme entstand im Juli des nassen Sommers 1987, der dieser Pflanze offensichtlich gut bekam; jedenfalls blühte sie reicher als in all den Jahren zuvor, die ich sie schon auf meiner Terrasse verwöhne.

Um den Wohlgeruch dieser Gruppe noch zu steigern, habe ich ihr (in dem Tontopf mit Flechtwerk-Imitat) eine Anzahl von Schönhäutchen (*Hymenocallis* x *festalis*) hinzugefügt. Diese Kreuzung zwischen *Elisena longipetala* und *Hymenocallis calathina* wurde bisher als *Ismene festalis* im Handel angeboten.

Unter dem „Trompetengeschmetter" nimmt sich rechts der Goldmohn (*Eschscholzia californica* ‚Milky White') mit seinen cremefarbenen Blüten recht bescheiden aus. Auf der Bank links ist eine Schale mit weißen Anemonen (*Anemone coronaria* ‚De Caen') zu sehen sowie ein bauchiger Topf mit der Prachtkerze (*Gaura lindheimeri*).

In dem Henkeltopf entfaltet sich das filigrane Blattwerk der Wiesenraute (*Thalictrum dioicum*), die niedrig bleibt und grünlich-gelbe, mit purpurnen Staubgefäßen versehene Blüten entwickelt.

Unten links erscheint die ganz zart rosa gefärbte, einzelne Blüte der *Brugmansia versicolor* ‚Grand Marnier'; ein kleiner Ableger dieser Sorte blühte schon im ersten Jahr.

Andere begeisternde Kreuzungen sind *Brugmansia* x *insignis* ‚Pink', die lachsrosafarbene Blüten bildet, und ‚Orange', deren Blütenfarbe ein seidenglänzendes Gold ist.

Darüber hinaus besitze ich eine Sorte in hellem Gelb, mit frisch und süß duftenden, schlanken Blütenkelchen, die *Datura chlorantha* genannt wird und zum ersten Male in England, und zwar im Jahre 1845, auftauchte, deren ursprüngliche Herkunft aber nicht geklärt ist.

Brugmansia sanguinea duftet leider nicht, aber mit kleinen Tricks kann man dieses Manko vertuschen, wie ich bereits auf Seite 6 angedeutet habe. Die Blüte ist auf jeden Fall eine solche Mühe wert.

Links oben finden sich zwei verschiedene Formen der *Datura metel*, mit stehenden, gefüllten Blütenkelchen. Meine Exemplare sind weiß und purpur, und die dornigen Früchte, die sie mit allen anderen Stechapfel-Arten gemeinsam hat, liefern ausreichend Samen.

Wer es farbenreicher liebt, sollte nach *Iochroma*-Sorten Ausschau halten. Diese bilden Büschel kleinerer Trompeten (etwa acht Zentimeter lang mit einem größten Durchmesser von etwa drei Zentimetern) und sind enge Verwandte von *Datura* und *Brugmansia*: alle drei gehören zu den Nachtschattengewächsen. *Iochroma cyaneum* ‚Indigo' bringt blauviolette Blüten hervor, *I.c.* ‚Royal Blue' dunkelblaue, und *I.c.* ‚Sky King' hat himmelblaue Trompetenkelche. *Iochroma fuchsioides* prunkt mit orangefarbenen Blüten; *Iochroma grandiflora* blüht blau.

ORANGE UND ROT

Die Einordnung von Orange und Rot in das Farbenspektrum der Topfgruppen verlangt einen sicheren Geschmack und kann spektakulär wirken, wenn man es versteht, an der richtigen Stelle einen ästhetisch überzeugenden Akzent zu setzen. Es gibt bereits Blumen, die Orange und Rot in sich vereinigen, wie zum Beispiel der Eibisch *(Hibiscus)* rechts unten.

Dieser *Hibiscus* heißt offiziell: *Hibiscus sinensis*-Hybride ‚Charles Schmidt' und war 1985 in den USA „The Hibiscus of the Year". In den letzten Jahren kommen immer mehr extravagante Arten auf den Markt. Es gibt sie in zarten Rosatönen, in kräftigem Gelb oder mit cremeweißen Blütenblättern, und sie sind wegen ihrer großen Blüten alle hervorragend dazu geeignet, in einer Farbkomposition für interessante Kontraste zu sorgen.

In der Gruppe rechts unten ist ein unauffälliges, kriechendes Pflänzchen zu entdecken, dessen wohlgestaltete Blüten man erst bei genauerem Hinsehen findet. Das Foto rechts oben zeigt die ungewöhnliche Farbkombination der hochglänzenden Blüten in starker Vergrößerung, denn in Wirklichkeit sind die Blüten dieser Fuchsie *(Fuchsia procumbens)* nur etwa zwei Zentimeter groß. Die Pflanze wächst und gedeiht schon seit Jahren ausgezeichnet in einem Topf und bildet dicke, rote Beeren aus, die eßbar sind und deshalb von den Maoris gesammelt

werden. Da diese Fuchsie nicht wirklich winterhart ist, eignet sie sich nicht für die Freilandkultur. Auf der linken Seite stellt sich Ihnen eine weitere „Sommerzwiebel" vor: die Blutblume *(Haemanthus multiflorus)*, deren Blütenstiel im April oder Mai aus der kahlen Zwiebel hochwächst, im Gegensatz zur langstieligeren *Haemanthus katherinae*, die zuerst ihre Blätter ausbildet und dann die leuchtend-rote Blütendolde im Juli/August hervortreibt (siehe auch Seite 123).

Der herrliche Spätsommerstrauß mit der mutigen Kombination von orangefarbenen, rosaroten und roten Tönen hat seinen Platz in einem Schleifentopf gefunden (Seite 91). Farblich darauf abgestimmt, steht eine japanische Azalee rechts in der benachbarten Nische. Solche Sträucher eignen sich vorzüglich für einen zeitweiligen Aufenthalt in einem Topf, da ihre Schönheit dort vorteilhafter als auf einer Rabatte zur Geltung kommt; keine weitere Pflanze lenkt von ihren exquisiten Blüten ab. Im Sommer gräbt man die Azaleen an einer schattigen Stelle ein und düngt sie gut, damit sie im nächsten Frühling wieder üppig blühen.

WEISS

Für jede Jahreszeit lassen sich typische Stilleben in Weiß zusammenstellen: Hier handelt es sich zunächst um liebliche Frühlingsstimmungen, auf den beiden nächsten Seiten wird u. a. eine sich verschwenderisch darbietende weiße Sommergruppe gezeigt, und dann folgen zurückhaltendere, herbstliche Farbkombinationen. Vier weitere sind denkbar.

Links unten thronen die ‚Court Lady'-Tulpen elegant über einigen Vergißmeinnicht. Sie sind die weiße Form aus der *Tulpia viridiflora*-Gruppe und kommen jedes Jahr wieder, auch wenn man sie im Sommer nicht aus der Erde nimmt.

Wer den Duft des links oben abgebildeten Schönhäutchens *(Hymenocallis × macrostephana)* kennt, könnte meinen, das süße Vanille-Aroma schon beim Betrachten des Fotos zu riechen!

Rechts finden Sie eine freundliche Frühlingsgruppe: vorne, noch in der Knospe, drei *Lilium longiflorum* in einem Löwentopf mit Schleifchen; dahinter die weiße Varietät des Tränenden Herzens *(Dicentra spectabilis* ‚Alba') und daneben der monatelang unermüdlich blühende Halbstrauch mit dem Namen Weißbecher *(Nierembergia frutescens* ‚White Queen'). Die große Muschel *(Tridacna gigas)* ist absolut „winterhart" und dient bei mir schon seit Jahren als Vogeltränke. Ähnliche „Wasserreservoirs" für die gefiederten Gäste sollte man nie vergessen.

Außergewöhnlich finde ich die Wuchsgestalt der eingetopften Riesenhyazinthe. Sie überragt in dieser Sommergruppe alle anderen Pflanzen mit ihren leicht duftenden Blütenständen. Auch Rittersporn gedeiht ausgezeichnet in einem großzügig bemessenen Topf; hier handelt es sich um die blendend-weiße ‚Ivory Towers' der *Delphinum × cultorum*-Gruppe. Diese Sorte ist auch nach der Blüte schön, und das Blattwerk kontrastiert hübsch mit dem feingefiederten der Prachtspiere *(Astilbe × arendsii* ‚Brautschleier'), die den niedrigen viereckigen Kasten füllt. Im Spätsommer färben sich die Blütenstände der Rispenhortensie *(Hydrangea paniculata)* rosarostfarben und ergeben zusammen mit den prallen Samenkapseln der Galtonie ein schönes Herbststillleben. Angenehmen Duft erhält diese Pflanzengruppe von einer kräftigen Zitronen-Pelargonie, deren Triebe zwischen den anderen Pflanzen hindurchwachsen, sowie von einem Brautmyrten-Bäumchen *(Myrtus communis)* hinten links, und von einem Apfelsinenstrauch *(Citrus sinensis* ‚Washington Navel') rechts. Neben den aromatischen Blättern, die in der Geschichte des Menschen eine nicht unbeträchtliche Rolle gespielt haben, bildet *Myrtus communis* auch reizende Blüten aus, die Puderdöschen aus Staubfäden ähneln. (Mitte oben).

Papaver somniferum ‚Cream Paeony', die cremefarbene, gefüllte Form des narkotisierenden Schlafmohns, entwickelt sich in Töpfen zwar nicht zu stattlicher Größe, ich finde das Resultat aber trotzdem eindrucksvoll. Ich habe den Samen direkt in hohe, gerade Töpfe gesät, da die Pfahlwurzeln des Mohns es nicht lieben, pikiert zu werden (oben rechts). *Viburnum plicatum* ‚Mariesii', der Japanische Schneeball (rechts unten), breitet sich gern horizontal aus und ist deshalb sehr geeignet für einen kräftigen Topf – hier auf einer Dachterrasse.

Heutzutage werden viele reich blühende Chrysanthemen angeboten, und zwar in gefüllten, buschigen und extrem langstieligen Formen. Kaum eine von ihnen ist genügend winterhart, nahezu alle sollten vor dem ersten Frost ins Haus geholt werden. Bei guter Pflege werden sie im nächsten Jahr wieder blühen, wenn auch nicht mehr so reich wie in der ersten Saison. Nur Spezialisten wissen Tricks anzuwenden, damit sie buschig wachsen und üppigen Flor hervorbringen. Absolut winterhart dagegen ist die rostfarbene Chrysantheme ‚Bronze Elegans' (Abbildung links) in der weiten Schale mit dem gewellten Rand. Sie hat ihre schönen Blüten noch nicht entwikkelt. Wer keine Möglichkeiten zum Überwintern in seiner Wohnung hat, sollte statt der empfindlichen Chrysanthemen die bewährten *Indicum*-Hybriden wählen. Zu den empfehlenswerten weißen Sorten gehören:
‚Anneliese Kock' (weiß, 80 cm)
‚Bunty' (weiß mit braunrosa Mitte, pomponblütig, 50 cm)
‚Edelweiß' (getöntes Weiß, anemonenartig, 70 cm)
‚White Bouquet' (weiße Pompons, lange Blütezeit, sehr hart, 50 cm).

Die dickblättrigen Rosetten hinten rechts gehören einem *Aeonium*, die großen Blätter hinten links einer Stockrose (*Alcea rosea*).

Auf dem rechten Bild sieht man ein Arrangement von Zimmerkalla-Pflanzen *(Zantedeschia aethiopica)* mit ihren weißen wächsernen Hüllblättern, sowie von Rittersporn und Großer Knorpelmöhre *(Ammi majus)*. Die Steinvasen stammen aus Frankreich (um 1800).

GELB

Gelbe Farbtöne – seien es nun helle oder sattgoldene, leuchtende oder warme – stimmen immer fröhlich und strahlen Frische aus.

Im Frühlingslicht wirken die zarten Schattierungen am besten, zur Sommerszeit die kräftigeren, warmen: und im Herbst schlägt die Stunde der strahlenden Goldtöne.

Für diese Frühlingsgruppe habe ich Pflanzen mit cremefarbenem Gelb gewählt. Es handelt sich um den duftenden Ginster *(Cytisus x praecox)* in dem großen hellen Topf und den Islandmohn im ovalen Kübel), den ich aus Sämlingen von *Papaver nudicaule* ,Cream Shades' selektiert habe.

In dem korbartigen Topfe erkennt man außerdem eine weiße Akelei *(Aquilegia vulgaris* ,Biedermeier'), deren Nachbarin, eine grünlich blühende Form der Bachnelkenwurz (*Geum rivale* ,Album') sich nach der Blüte mit hübschen wolligen Samenkugeln und mit kräftigen, eingeschnittenen Blättern schmückt. Noch nicht sichtbar ist die Lilie ,Sterling Star', die ich dem Ginster als Sommerblüher beigesellt habe. Sie wird zwischen dessen silbrigen Samenrispen attraktiv aussehen.

Auf dem Foto zur Linken erscheint eine der vielen ansehnlichen Sorten der Schönmalve *(Abutilon)*, die vielerorts als Pflanze oder als Samen angeboten werden. Die hier abgebildete ist die Hybride ,Moonchimes', von der es auch zart-rosa Formen gibt. *Abutilon megapotanicum* und *Abutilon pictum* (syn. *striatum)* haben unigelbe oder schön geäderte Blüten in Rosa- bzw. Orangetönen. Besonders hübsch sind die lila Arten *Abutilon* x *suntense* und *Abutilon vitifolium*; von der letztgenannten ist ebenfalls eine weiße Variante *(Abutilon vitifolium* ,Album') erhältlich.

Wenn die Schönmalve während der Sommermonate im Freien steht, sorgen fliegende Besucher für die Bestäubung, und die Pflanze bildet dann bereitwillig Samen in schönen, dicken Kapseln aus. Allerdings vergißt sie dabei das weitere Blühen, so daß Sie die Samenbildung verhindern müssen, falls Sie Wert auf Blüten legen. Ich könnte mir aber vorstellen, daß Sie Bestäubungsexperimenten gegenüber nicht abhold sind.

Diese führen nämlich oft zu überraschenden neuen Kreuzungen, und selber gewonnener Samen geht ohne Schwierigkeiten auf.

Die Schönmalve ist recht frostempfindlich; sobald Nachtfrost angekündigt ist, sollten Sie die Pflanzen daher ins Haus holen.

ROSAROTES

Dieses Kapitel ist ziemlich lang geraten; denn der Begriff „Rosarot" umfaßt viele Farbnuancen, die im folgenden zu ihrem Recht kommen wollen: frühlingszartes Baby-Rosa und grelles Schockrosa, frisches Hellrot in Filigranblüten und sattes Rosarot in pompösen Blütengestalten . . . Für die Übergangszeiten stehen auch gedämpftere rosarote Schattierungen zur Verfügung. Sie sind in den entsprechenden Abschnitten vermerkt. Farbenspiele in Rosa-Tönen gibt es nämlich das ganze Gartenjahr hindurch.

Frühling in Zartrosa

Aus der Farbpalette, welche die Akelei-Mischung *Aquilegia vulgaris* ‚Biedermeier' bietet, wählte ich für das Frühlingsarrangement auf dieser Seite hell- und dunkelrosa sowie purpur blühende Exemplare aus. Die Samenkapseln dieser Akelei sind nicht so aufsehenerregend wie diejenigen der *Aquilegia flabellata*, tragen aber dennoch für lange Zeit zur Schönheit der Gruppe bei. Hinzu kommt, daß sie sich leicht aussäen und die Jungpflanzen in und neben den Töpfen den üppigen Gesamteindruck verstärken. Auch die Wiesenraute *(Thalictrum aquilegifolium* ‚Thundercloud') mit ihren an Puderquasten erinnernden Blüten bleibt lange schön; aus den fedrigen Blüten in hellem Lila entwickelt sich der zuerst grüne, später purpurbraune Schirm aus filigranen Samenbüscheln. Der Blauzungenlauch *(Allium karataviense)* mit seinen großen, dicken Blättern bildet nach der silbrig-lilafarbenen Blüte ebenfalls ansehnliche kugelige Samendolden, die auch in getrocknetem Zustand gern in Sträußen verwendet werden. Im Vordergrund links (auf S. 110) zeigt sich der Storchschnabel *(Geranium renaldii)*, dessen samtige, blaugrüne Blätter auch dann noch eine Zierde darstellen, wenn die lilafarbenen, geäderten Blütenbüschel schon längst verschwunden sind. *Heliotropium arborescens* (syn. *H.*

peruvianum), der hier zu einem kleinen Stamm gezogen wurde, sorgt für den Duft in dieser Gruppe. Übrigens habe ich die Erfahrung gemacht, daß Pflanzen aus Stecklingen sehr viel intensiver duften als gesäte.

Vom Frühling bis zum Frost

Für rosafarbene Gruppen sehr geeignet ist auch die entzückende Lewisie *(Lewisia cotyledon)* (auf Seite 111), die vom Frühjahr bis in den späten Herbst unermüdlich weißgeränderte Blüten bildet. Wenn sie direkt im Erdboden (beispielsweise eines Steingartens) wurzelt, verträgt sie Frost ziemlich gut; als Topfpflanze jedoch sollte sie extreme Kälteperioden an einem kühlen Standort im Haus verbringen.

Frühling in Schockfarben

Auf dieser Dachterrasse bilden dunkles Grün, kräftiges Lila-Violett und frühlingshaftes Gelb reizvolle Kontraste. Die Aufnahme links zeigt eine hochstämmige *Azalea indica* (die nun eigentlich *Rhododendron indicum* genannt werden muß) im farblichen Zusammenspiel mit einer reich blühenden Fuchsie und einer ‚Französischen Geranie' *(Pelargonium* x *domesticum)*. Auf der Abbildung rechts wiederholt sich das Lila in abgeschwächter Form bei der Efeupelargonie *(Pelargonium peltatum)* mit ihren hübschen glänzenden Blättern. Ganz früh im Jahr (S. 112) erscheint das Grüngelb der Bulgarischen Wolfsmilch *(Euphorbia polychroma)* und harmoniert dann mit dem Ginster *(Cytisus* x *praecox)*, der hier allerdings schon seine duftenden Blüten in grüne Schoten verwandelt hat. Stattdessen sorgt nun die Echte Schafgarbe *(Achillea millefolium* ‚Moonshine') für einen zartgelben Kontrast.

Hellrosa als Sommerfarbe

Zarte Töne sind keineswegs für den Frühling reserviert; auch der Sommer bringt sie hervor, wie diese Rosa-Gruppe beweist. Unbestrittene Hauptdarstellerin ist hier die hochstämmige Scheinmalve *Anisodontea capensis*(das ist ihr neuer Name; früher hieß sie *Malvastrum*). Nicht umsonst wird sie bei uns ‚Fleißiges Lieschen' genannt: Über Monate hinweg bringen die zierlichen Zweige der kugeligen Krone die kleinen Malvenblüten hervor. Diese Art läßt sich übrigens leicht durch Stecklinge vermehren. Vor ihr, in dem ‚geflochtenen' Topf, ist das blaue Blattwerk der Fetthenne *(Sedum* ‚Ruby Glow') zu erkennen, welches früher im Jahr purpurn gefärbt ist. Etwas weiter links liefere ich den Beweis dafür, daß die duftenden Pelargonien keineswegs immer klein und unbedeutend blühen; hier leisten sie einer großblättrigen *Datura metel* mit ihren aufrecht stehenden, dunkelvioletten Blüten Gesellschaft.

Außer diesen gibt es noch weitere zartrosafarbene Topfbewohner, die den Sommer über blühen. Es folgen einige Beispiele:

Das Zimbelkraut *(Linaria cymbalaria)* schiebt seine dicken Blattkissen über den Topfrand hinaus. Nelken *(Dianthus)* bringen tagsüber angenehmen Duft, während *Matthiola bicornis,* die unansehnliche Abendlevkoje, ihr Aroma nachts verströmt. Sehr schön kommen in Töpfen auch die Taglilien *(Hemerocallis)* zur Geltung, von denen es Hybriden in allen Schattierungen zwischen Hellrosa und Dunkelpurpur gibt; diese Farben finden sich ebenfalls unter den „normalen" Lilien, und einige davon duften sogar angenehm (‚Journey's End' zum Beispiel). Ganz reizend sind die rosa Variante der Himmelsleiter *(Polemonium carneum)* und auch die nicht sehr häufig zu findende Ballonglockenblume *(Platycodon grandiflorum* ‚Perlmutterschale'). Die Braunelle *(Prunella* x *webbiana* ‚Loveliness') gedeiht ebensogut im Topf wie die Hakenlilie *(Crinum powellii);* und der einjährige Stechapfel *(Datura ceratocaula)* bringt eine wahre Pracht von duftenden, großen Blütentrompeten hervor. *Amaryllis belladonna* blüht spät im Jahr mit lila-rosafarbenen Kelchen, ebenso wie *Nerine bowdenii* ‚Rosea'; beide sind nicht winterhart – umso besser also, wenn sie in Töpfen wachsen, die bei Frost leicht hereingeholt werden können.

Auch auf der Abbildung rechts spielt ein Malvengewächs die Hauptrolle; dieser Blumenwald wird von der einjährigen *Lavatera trimestris* gebildet, die hier mit weißen (‚Mont Blanc') und rosafarbenen (‚Silver Cup') Blüten ein prächtiges Bild abgibt. Weitere Pflanzen mit wunderbaren zarten Rosatönen sind zum Beispiel der Heidegünsel *(Origanum laevigatum)* für mageren Boden; der Knöterich *(Polygonum affine* ‚Superbum'); die Etagenblume *(Monarda did.* ‚Croftway Pink'), die von Juli bis September blüht; das dauerblühende Schleierkraut mit den zart rosafarbenen Blütenwolken *(Gypsophila* ‚Rosenschleier'); für halbschattigen Stand der Storchschnabel (*Geranium macr.* ‚Biavoco' bzw. ‚Spessart').

Der rosarote Großstrauch

Diese grandiose *Bougainvillea* wächst natürlich nicht in einem Topf, sondern wurzelt im Erdboden eines mittelmeerischen Gartens. Ich habe das Foto aber trotzdem ausgewählt, weil der gewagte Kontrast von Lila und Rosa die Phantasie beflügeln kann und Ihnen vielleicht Mut macht, eine ähnliche Farbkombination in unserer unwirtlicheren Klimazone, sei es auf dem Balkon oder im Innenhof, auf der Terrasse oder der Loggia, zu versuchen.

Zu den Seiten 120/121:

Diese neo-klassizistischen Vasen, sind durchweg neue griechische Produkte, die ihr „antikes" Aussehen durch eine spezielle Endbehandlung erhielten. Nicht nur im Freien sondern auch im Haus, beispielsweise mit Trockensträußen dekoriert, machen sie sich sehr schön.

Der helle Topf mit den Löwenköpfen (S. 121) steht inmitten von *Sedum spectabile* und ist auch damit bepflanzt.

Diese und andere Fetthennen-Arten gedeihen hervorragend in Gefäßen, wie bereits auf Seite 63 gezeigt wurde.

GUSSFORMEN

Mit Hilfe von Zementmischungen und Gußformen lassen sich alte (und natürlich auch moderne) Schmuckformen kopieren. Brandneue Abgüsse sind meist nicht sehr attraktiv, aber sobald sich Flechten und Moose auf dem Beton angesiedelt haben, entwikkelt dieses Material seinen eigenen Charme. Da sich mit einer einzigen Form

praktisch unendlich viele Repliken herstellen lassen, sind solche gegossenen Ornamente, Tierfiguren, Töpfe und Vasen viel billiger als die aus Stein gehauenen Einzelstücke. Um den Moosbesatz zu beschleunigen, sollten Sie diesen Gartenschmuck vor dem endgültigen Einsatz anfeuchten, an schattigen Standorten zwischenlagern – und mit Buttermilch einreiben!

Der grünrückige Frosch hockt schon seit einigen Jahren zwischen der Wassertonne mit den duftenden Kalmusblättern *(Acorus calamus)* und der großen Vase mit der blaugrünblättrigen Fetthenne *(Sedum bithyricum* ,Glaucum'). Er hat seinen Platz auf einem kleinen Beton-Plateau, das aber inzwischen völlig von Moosen überwuchert ist, die in den Ritzen zwischen den Terrassenplatten wurzeln. Die Pflanzgefäße und der Schwan auf dem Foto links oben stehen schon seit mehreren Jahren im Freien und sind daher von Wind und Wetter gezeichnet. Im Hintergrund erkennt man die wunderbaren Blüten der Prachtlilie *(Lilium speciosum* ,Uchida Kanoka'). Sie teilt ihren Trog mit der Abendlevkoje *(Matthiola bicornis)*, die ich dazugesät habe, und zwar nicht der ziemlich unansehnlichen, grauen Blüte wegen, die sich erst abends öffnet, sondern weil sie in den Nachtstunden einen intensiven Vanille-Duft verbreitet. Der runde Topf mit dem Rosen-Dekor beherbergt die Hauptdarstellerin dieser Gruppe, die *Albizia julibrissin*, mit ihren farnartigen Blättern. In dem sechseckigen Gefäß blüht Heidekraut, und der Schwan trägt eine Fracht von Kriechgünsel *(Ajuga reptans* ,Burgundy Glow') auf seinem Rücken.

Die Schildkröte versteckt sich unter den riesigen Blättern einer *Gunnera manicata*, und daran läßt sich die Größe der Figur erkennen: vom Kopf bis zur Schwanzspitze mißt sie immerhin siebzig Zentimeter. Sie steht noch nicht lange dort und macht daher einen ,sauberen' Eindruck. Achten Sie darauf, daß Sie ihren Tier-Garten nicht überbelegen – wenige Exemplare, sorgfältig über das Terrain verteilt, wirken besser als ein ganzer Zement-Zoo.

Das Foto auf dieser Seite zeigt eine ältere Girlandenvase und eine lauernde Katze, beide mit kräftigem Moosbesatz. Die Vase wird von dem silberblättrigen und orange blühenden Hornmohn bewohnt; es handelt sich um *Glaucium corniculatum*, der weniger bekannt ist als der gelb blühende *Glaucium flavum*, der sich leicht aussät. Daneben stehen zwei Exemplare der *Cotyledon undulatum*, einer Sukkulente,, die den tref-

fenden englischen Beinamen ‚Silver

Haddonstone-Gußformen

Die Gefäße aus diesem Material, das nach Angaben des Herstellers eine Kalksteinnachbildung ist, werden in dem englischen Ort East Haddon produziert. In England sind Gefäße dieser Firma auf vielen hochherrschaftlichen Gütern zu finden – bis hin zu Buckingham Palace und Windsor Castle.

Von links nach rechts präsentieren sich: der längliche ‚Trog von Belton'; die hellere ‚Italienische Jardiniere' mit dem Blüten-Gitter-Motiv; die große ‚Elisabethanische Jardiniere' mit der Verzierung aus geflochtenem Band; sowie die kleineren ovalen Töpfe, die als ‚Geflochtene Körbe' bezeichnet werden. Die ‚Regency-Urne' auf dem Sockel ist mit Efeu *(Hedera helix)* bepflanzt; die beiden Jagdhunde sind italienischer Import und daher aus einer anderen Zementmischung hergestellt.

Das Grün des Efeus erhält hier Verstärkung durch verschiedene Kohl-Sorten, während die Wolfsmilch *(Euphorbia marginata)* und das Halskraut (*Trachelium caeruleum*) für einen weißen Schimmer sorgen.

Gemeißelt oder gegossen?

Selbstverständlich bestehen deutliche Unterschiede zwischen Ornamenten aus Zementguß und solchen, die ihre Form von Menschenhand mit Hammer und Meißel erhielten. Diese „Fruchtkörbe" sind ein gutes Beispiel dafür: Die beiden Exemplare auf Seite 128 sind gegossen, das Exemplar auf Seite 129 stellt eine handgefertigte Auftragsarbeit nach alter Vorlage dar. Letztere ist sehr viel feiner gearbeitet und bietet daher zahlreiche Details, die beim Gießen verlorengehen. Allerdings hat eine solche Qualität auch einen deutlich höheren Preis.

Die grünen „Säulen" auf der linken Seite werden von den Reben des wilden Weins gebildet, und zwar abwechselnd von *Parthenocissus tricuspidata*, dessen Blätter dreilappig sind, und *P. quinquefolia* mit den bekannten fünfteiligen Blättern, denen er seinen Artnamen verdankt.

SILBERBLATTGEWÄCHSE

Gewächse mit silbrigem oder silberblauem Blattwerk sind sehr effektvoll, und zwar nicht nur im Zusammenspiel mit Terrakotta, sondern auch mit bemoostem Holz. Sie reflektieren die Sonnenstrahlen und bilden auf diese Weise schimmernde Oberflächen, die einem Topfensemble vibrierende Lebendigkeit verleihen.

Die statisch wirkende Gruppe auf dem kleineren Foto zeigt links die silbrig-blauen Dolchblätter der *Agave utahensis,* ganz rechts das braungesprenkelte, samtige Silberblatt der *Kalanchoe tomentosa* und, in dem zweiten „Kordeltopf", den schimmernden Teppich von *Raoulia subsericea;* dazwischen versteckt sich die prächtige Blattrosette des *Tacitus bellus,* der bereits auf Seite 117 vorgestellt wurde. Seine Blüte befindet sich hier aber noch im Knospenstadium. Den krönenden Abschluß dieses Stillebens bilden die leuchtenden Blüten und die silbrig gefleckten Blätter des Venusschuhs *(Paphiopedilum callosum).*

Auf dem größeren Foto dominiert in einem weniger anspruchsvollen Arrangement das üppige Silbergrün des Pontischen Wermuts *(Artemisia pontica)* in der runden, mit Metallreifen versehenen Käseform. Daneben entfalten sich die filigranen Stengel der duftenden Paradieslilie *(Paradisea liliastrum);* deren zierliche Blüten überragen die einstmals weiße, nun aber verwitterte und bemooste Marmorwanne, die aus der Mentmore-Sammlung stammt und noch schwach die Initialen von Meyer Amschel Rothschild erkennen läßt. Für den Duft in dieser Gruppe sorgt die eher unscheinbare Pelargonie *P. odoratissimum,* während die ihr benachbarte Ringblume *(Anacyclus depressus)* mit ihren Margeritenblütchen weitere Farbtupfer beiträgt. Der flache Tontopf enthält einige junge Wedel des Lanzenschildfarns *(Polystichum lonchitis),* dessen dornig gezähnte, ungeteilte Fieder immergrün sind.

STRÄUSSE VOM WEGRAND

Das Foto zur Rechten veranschaulicht, was sich aus „Unkraut" machen läßt, während das linke Foto einen Gartentisch voller Gewächse vorführt, die man an fast jedem Wegesrand finden kann.

Die Basis für das Gesteck (rechts) ist ein schöner bauchiger Topf mit Artischocken-Dekor. Die hierzu gut passenden, dekorativen Blätter stammen nicht von der Echten Artischocke *(Cynara scolymus)*, sondern von der sehr ähnlichen Spanischen Artischocke oder Cardy *(C. cardunculus)*. Die Dolden der Bärenklau (*Heracleum sphondylium)* wurden ebenso „im Vorbeigehen" am Wegesrand gepflückt wie die schwarzen Trauben des Holunders *(Sambucus nigra)*, die in manchen Jahren in überreichem Maß zu finden sind.

Bleichtöpfe

Zum Thema Cardy ist noch etwas zu bemerken: Es ist vielleicht bekannt, daß das Blatt der Spanischen Artischocke am besten schmeckt, wenn es im Frühjahr vorgezogen und gebleicht wird. Zu diesem Zweck gibt es die „Bleichtöpfe", eine Art hoher Terrakotta-Stulpen, deren obere Öffnungen mit Deckeln verschließbar sind. Diese Stulpen werden über die junge Pflanze gesetzt und mit einer dicken Schicht Esel- oder Pferdemist bedeckt, so daß in der Röhre Wärme und Dunkelheit, also für den Bleichprozeß förderliche Bedingungen entstehen. Der abnehmbare Deckel erlaubt die Kontrolle der Pflanze bis zur Ernte. Auf dieselbe Art und Weise wird übrigens auch mit dem Seekohl *(Crambe maritima)* verfahren, dessen gebleichtes Blatt eine Delikatesse darstellt. Die Benutzung von Bleichtöpfen war bis vor kurzem auf England beschränkt; inzwischen werden sie auch auf dem Kontinent verlangt. Vielleicht nimmt jemand bei uns die Produktion auf?

Das Arrangement links enthält, in grün glasiertem Steingut aus Spanien, unter anderem Sauerampfer, Bärenklau, blühende wilde Brombeere und auch einige Mirabellenzweige mit Früchten. Meine Pflaumenbäume haben als Unterlage ebenfalls die Mirabelle, deren frühblühende, duftende Wurzelschößlinge hier zusätzliches Grün beisteuern.

Am rechten Rand gerade noch sichtbar ist der Beifuß *(Artemisia vulgaris)*; und auf dem Tisch blühen, neben all dem „Wildwuchs", eine Sommerhyazinthe *(Galtonia princeps)* und eine Taglilie *(Hemerocallis* ‚Green Flutter').

Samenstände

Diesen prächtigen Strauß, der fast ausschließlich aus Samenständen unterschiedlichster Gewächse besteht, habe ich auf den Beeten eines Versuchsfeldes gepflückt. Da es sich um Pflanzen handelt, die man leicht aus Samen heranziehen kann, rate ich Ihnen, Ihre Favoriten an Hand der Strichzeichnung sowie der folgenden Liste zu bestimmen und in Ihrem Garten auszuprobieren. Ein Teil der Samenstände läßt sich auch trocknen und später in Trockensträußen verwenden, wenn man sie mit dem Kopf nach unten in einem warmen und gut lüftbaren Raum aufhängt. Je weniger Licht hereinfällt, desto besser halten sich die Farben. Die Samenstände müssen vor ihrer Verwendung absolut trocken sein.

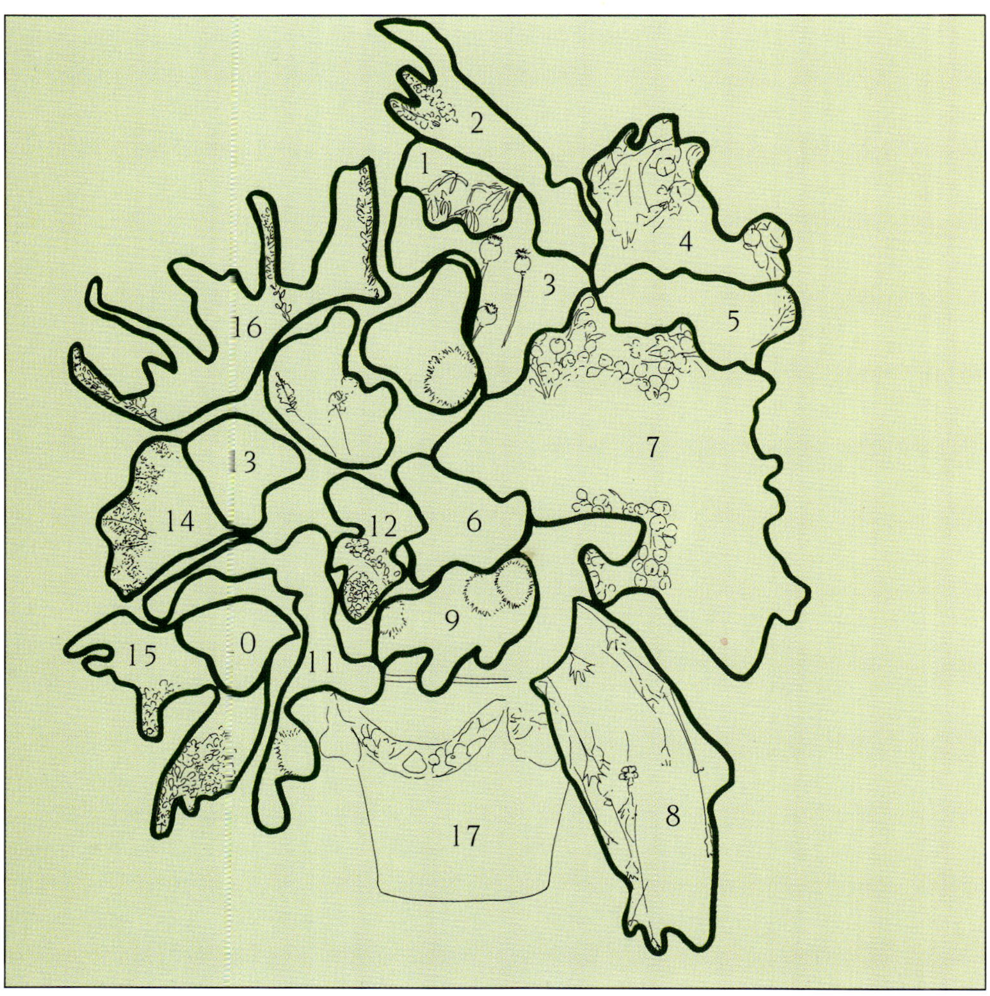

Liste von sechzehn Pflanzen mit schönen Samenständen:

1 Lupine *(Lupinus cruckshanksii)*, rosig-blaue Blüten, elegante bläuliche Samenschoten.

2 Gartenmelde *(Atriplex hortensis* ‚Gold Plume'), der sog. ‚Spanische Salat', attraktive Blüte.

3 Schlafmohn (*Papaver somniferum* ‚Minipod').

4 Giftbeere *(Nicandra physaloides)*, schwarze Lampion-Samenkapseln nach schöner hellblauer Blüte.

5 Kresse *(Lepidium latifolium)*, eine Verwandte der Gartenkresse *(L.sativum)*, winzige Samenkapseln auf langen Stielen; sät sich aus.

6 *Bulbine annua*, gelbe Blüten, dekorative Samenstände.

7 Bauerntabak *(Nicotiana rustica)*, blüht grünlich im Gegensatz zum rosafarbenen *N. tabacum*, dem Virginischen Tabak, dessen Blätter für Zigaretten verwendet werden; beide mit schönen Samenständen.

8 Echter Schwarzkümmel *(Nigella sativa)*, entwickelt cremefarbene Blüten und hohe Samenkapseln; wird als Heilpflanze verwendet.

9 *Gilia thurberi, G. capitata* und *G. leptantha*, Blüte kugelig, blau; kurzstielige Samenkapseln.

10 Weißes Sommervergißmeinnicht *(Omphalodes linifolia)*, dekorative Samenstände.

11 Stechapfel *(Datura stramonium)*, in der Heilkunde hochgeschätzt; schön im Trockenstrauß.

12 Schleifenblume *(Iberis amara* ‚Mount Hood' und die duftende ‚White Pinacle'), bildet zarte weiße Blütenbüschel und flache Schoten.

13 Schwarzkümmel *(Nigella ciliaris*, syn. *orientalis)* entwickelt nach großen gelben Blüten Samen-„Kronen".

14 *Lepidium campestre* (mit der Gartenkresse verwandt) sät sich so freudig aus wie Nr. 5.

15 Gartenreseda *(Reseda odorata* ‚Machet'), aromatischer als

16 *Reseda alba*, aber ähnlich elegante Blüten- und Samenstände.

17 Der Terrakotta-Topf mit den Löwenköpfen ist präpariert: Ich habe die Dränageöffnung verschlossen und danach den ganzen Topf mit feuchtem Schaumstoff gefüllt, um den – teils schweren und kopflastigen – Zweigen genügend Halt zu verleihen.

EIN GRÜNER STRAUSS

Sträuße müssen nicht immer bunt sein: ausschließlich grüne haben auch ihren Reiz. Ich stelle Ihnen daher sieben grün blühende Pflanzen vor.

1 *Cerinthe major* (syn. *glabra)*, die Wachsblume, hat zwei Grüntöne zu bieten: zum einen die Fülle des zarten blaugrünen Blattwerks, zum anderen die Trauben von schlanken, an der Oberseite purpurnen, unten aber gelbgrünen Blütenglöckchen. Die Pflanzen werden recht hoch und sind eine gute Bienenweide.

2 Der Fuchsschwanz *(Amaranthus* ‚Green Spire') hat schlanke, hellgrüne Blütenstände.

3 *Ipomopsis elegans (syn. Gilia rubra)* besitzt lange, elegante fedrige Stengel in hellem Grün; sie blüht nur in warmen Sommern, und zwar in grellem Rot.

4 *Cerinthe minor*, die kleine Verwandte von Nummer 1, bildet eindeutig grüne Blüten in ihren Blattachseln.

5 *Ammi visnaga*, die große Schwester des Knorpelkrauts (*Ammi majus*), wird oft unter dem Namen ‚Weißer Dill' als Schnittblume verkauft.

Sie kommt in diesem Strauß in zwei Entwicklungsstadien vor: hinten, vor dem Blühen, in fedrigem Zustand; in der Mitte mit ihren wunderbaren, kugeligen Blütendolden.

6 *Eschscholtzia ciliata*, eine nicht sehr bekannte Mohnart, hat dauerhafte, grün-beige Blüten. Am weitesten verbreitet von diesen nach dem baltischen Botaniker J. Friedrich Eschscholtz benannten Mohngewächsen ist die *E. californica*, der Goldmohn. Er wird als einjährige Sommerblume gezogen.

7 Das Hasenohr (*Bupleurum rotundifolium*) ist eine eigentlich einjährige Schönheit, die aber milde Winter manchmal überdauert.

8 Solche bauchigen Girlanden-Gefäße gibt es in verschiedenen Abmessungem und Farben, sowohl in normalem Terrakotta-Ton als auch in etwas dunklerem Finish. Im Boden ist eine dünne „Sollbruchstelle" eingearbeitet, die sich leicht durchbohren läßt, wenn man ein Abflußloch benötigt. Wird ein Übertopf oder, wie hier, eine Vase benutzt, so läßt man diese Stelle natürlich intakt. Das feste Steinzeug ist weniger porös als üblicher gebrannter Ton, daher läßt sich das Gefäß auch im Haus ohne Untersetzer verwenden.

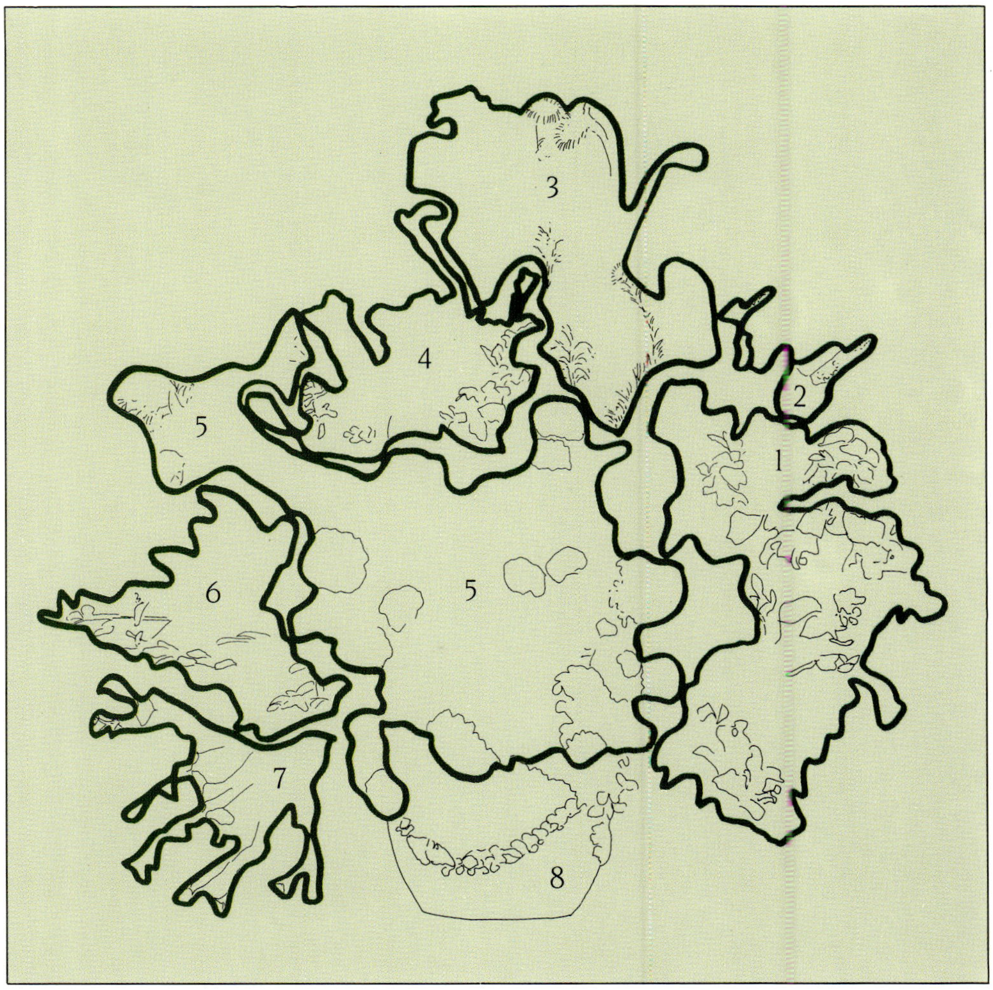

Blattformen

Bei der Komposition von Pflanzengruppen spielen die Blattformen eine wichtige Rolle. Eine Gruppe mit ausschließlich langen, schmalen Blättern kann wie eine verwahrloste Wiese wirken; werden nur großblättrige Pflanzen zusammengestellt, entsteht leicht ein schwerer, plumper Eindruck. Die Kunst, unterschiedliche Blattformen auf der Rabatte wirkungsvoll zu kombinieren, lernt auch ein Gartenliebhaber erst durch längere Erfahrung. Die Topfkultur kann ihm dabei als Experimentierfeld gute Dienste leisten, denn Behälter lassen sich ohne Umstände stets neu arrangieren und ersparen dem Anfänger Kosten, erhebliche Mühe – und vor allem Zeit.

Das Foto zur Linken zeigt, welche lebhafte Kontrastwirkung von einem überlegten Arrangement unterschiedlicher Blattformen ausgeht.

Es handelt sich hier um die kräftigen, spitzovalen Blätter einer Gardenie, die überaus scharfen, fadenbesetzten „Blätterdolche" einer *Agave filifera* und die aufwärtsstrebenden schlanken Blattbüschel der Sterngladiole *(Acidanthera bicolor)* – sowie das hellgrüne Laubdach der Zimmerlinde *(Sparmannia africana)*.

Die hellen Töpfe und die Terrakotta-Früchte stammen aus Frankreich.

Auch die Gartenaufnahme zeigt gut kontrastierende Blattformen: im Vordergrund das kompakte Blattwerk der Funkie *(Hosta sieboldiana* ‚Glauca'), als Gegensatz dazu die langen und schmalen, fragil wirkenden Blätter der Taglilie *(Hemerocallis)*, die sich elegant an die großblättrige *Brugsmansia* anlehnt. Einige Meter weiter wird der Weg rechter Hand von einem imposanten Haselnußquader gekreuzt.

Aus der unübersehbaren Vielzahl der Blattformen habe ich Ihnen hier eine Auswahl von exquisitem Zierlaub in Töpfen zusammengestellt.

Die Korb-Gruppe (links oben Mitte) wird durch die *Skimmia japonica* ‚Nymans' mit ihren dicken Beerentrauben beherrscht, die besonders in diesem apfelgrünen Stadium zwischen dem glänzenden, dunkelgrünen Blattwerk prächtig wirken. Einen starken Kontrast hierzu bildet das kleine, hellgrüne gekräuselte Blatt des Gamanders *(Teucrium crispum* ‚Marginatum'), gleichfalls die niedrigen blaugrünen Polster des Steinbrechs *(Saxifraga aizoon* var. *baldensis)*. Die kleinen weißen ‚Petty Pan'-Kürbisse entstammen der ‚Topfkultur' von Seite 177.

Der neue, handgedrehte Topf oben links enthält den grün blühenden Wegerich *(Plantago major* ‚Rosularis'), der im 16. Jahrhundert sehr beliebt war und nun eine Renaissance erlebt.

Unten links ist eine außergewöhnliche Kleingruppe abgebildet: In der weiten, bauchigen Schale sind zwei zitronengelbe Blüten des Mohns *Papaver myiabeanum* aufgegangen, der meist schon im ersten Jahr nach der Aussaat blüht; daneben erkennt man die dachziegelartig wachsenden Blätter des absolut winterharten Heidegünsels *(Origanum rotundifolium)*, der hellrosa blüht.

Im Vordergrund ist wieder einmal das Zymbelkraut zu sehen, und zwar in der weißen Form *(Linaria cymbalaria* ‚Alba') mit dem verspielten Blattwerk.

Das Foto rechts unten zeigt die filigranen, geschlitzten Blätter des Nachtschattens *(Solanum laciniatum)* und dessen dunkelgrün glänzende Beerentrauben, die später die Farbe eines dunklen Eidotters annehmen.

In dem Topf darüber wächst eine besondere Schönheit: der Honigstrauch *(Melianthus major)*, dessen gezähntes, blaugrünes Blatt im ausgewachsenen Stadium durch rotbraune Blütenbüschel bereichert wird.

KÖRBE

Aus natürlichen Materialen geflochtene Körbe passen ausgezeichnet zu vielerlei Pflanzen und Früchten – wie Sie bereits auf Seite 142 feststellen konnten.

Mancher von Ihnen möchte sicher gerne Weidenkörbe bepflanzen. Ich kann Ihnen aber nur dringend von diesem Vorhaben abraten; denn das Flechtmaterial verrottet schnell, wenn es ständigen Kontakt mit feuchter Erde hat. Aus diesem Grunde werden sog. Floristenkörbe stets mit eingenähtem Plastikfutter geliefert, damit man sie für Gestecke mit feuchter Kunststoffbasis verwenden kann. Für Pflanzen mit Erdballen sind solche Körbe jedoch nicht geeignet; denn wenn man diese auch bei Regenwetter im Freien aufstellen möchte, muß man die Plastikfolie mit Dränagelöchern versehen – und das wiederum bekommt den Weidenzweigen nicht gut. Die einzige vernünftige Lösung besteht darin, den Korb lediglich als eine Art Übertopf zu benutzen, in dem man eingetopfte Pflanzen auf Untersetzern deponiert. Diese Methode bietet sich besonders bei häßlichen Plastikcontainern an, die in solchen Körben unsichtbar werden können.

Die beiden Fotos zeigen eine Auswahl von Körben für den Gebrauch im Haus und unter freiem Himmel. Die interessante „Krüppelform" auf dem Tisch wurde im 18. Jahrhundert aus italienischem Glyzinenholz geflochten. Sehr ähnliche „Glyzinen-Körbe" stellt man heute in Georgia, USA, her.

GUSSEISEN

Im 19. Jahrhundert waren gußeiserne Gartenvasen und anderes Mobiliar (wie Bänke, Tische und Stühle aus Gußeisen) sehr begehrt. Vasen aus diesem Material sind nahezu unverwüstlich; es ist daher verständlich, daß viele dekorative Stücke sich erhalten haben. Die bei fast allen vorhandene Dränageöffnung hat im Winter Frostschäden verhindert.

Heutzutage stellt man Repliken solcher gußeisernen Gegenstände her. Die auf diesen beiden Seiten gezeigten Beispiele sind jedoch Originale und kommen aus belgischen und holländischen Sammlungen. Der Beistelltisch vor dem gußeisernen Wandbecken auf dem linken Foto stammt aus der viktorianischen Epoche. Über seinen Rand hängt das silbergraue Blattwerk der Strohblume *(Helichrysum petiolanum)* elegant herab.
Von symmetrischen Arrangements gußeiserner Vasen geht eine starke ästhetische Wirkung aus, wie die Formschnittgruppe vor dem Nebengebäude eines Schlosses (Seite 149)

beweist. Aber auch schlichte Metallgefäße von einheitlicher Farbe können reizvoll sein und die Schönheit der Pflanzen besonders gut zur Geltung bringen (oberes Foto).

Möchte man gußeiserne Gefäße als Blumenvasen benutzen, dann muß man die Dränageöffnung außer Funktion setzen. Hierfür haben sich zwei Methoden bewährt: Entweder verwendet man einen wasserdichten Behälter als Einsatz, wie zum Beispiel einen Einwecktopf oder einen Plastikeimer – die beide natürlich nicht von außen sichtbar sein dürfen! – oder man füttert die Vase mit einem stabilen Plastiktuch aus. Behelfsmäßig läßt sich die Öffnung auch mit einem entsprechend großen Korken verschließen; ob diese Methode absolut sicher ist, läßt sich nur von Fall zu Fall sagen.

Das untere Foto habe ich ausgewählt, um einen gleichsam fließenden Übergang von dem Kapitel „Gußeisen" zu dem folgenden Abschnitt herzustellen, der sich mit der noch fehlenden Farbe „Purpur-Braun" beschäftigt. Die schwärzlichen Metallschalen enthalten ausschließlich Gewächse mit purpurfarbenem und braunem Blattwerk. In der auf einem Sockel stehenden hinteren Vase erkennt man die Prachtspiere *(Astilbe simplicifolia* ‚Sprite'); zu deren Füßen breitet sich das kriechende Veilchen *(Viola labradorica)* aus. Die beiden Schalen daneben sind mit Purpurglöckchen *(Heuchera americana* ‚Palace Purple'), einer neuen Sorte, gefüllt. Die Unterschiede in der Farbe und der Größe der Blätter erklären sich aus der Tatsache, daß die Pflanzen aus zwei verschiedenen Gärtnereien stammen. In der linken unteren Schale wächst Lerchensporn *(Corydalis cheilanthifolia)*, in der benachbarten Schale *Sedum dasyphyllum*, eine Fetthennen-Art.

Ein derart üppiger Bewuchs in Pflanzengefäßen, wie er auf dem unteren Foto zu erkennen ist, erfordert regelmäßiges Düngen. Möchte man sich eine solche Mühe ersparen, dann muß man Gewächse pflanzen, die von Natur aus wenig Nahrung benötigen, wie zum Beispiel die Dachwurz *(Sempervivum tectorum)* oder andere.

PURPUR-BRAUN

Wie schön purpur und braun gefärbte Blätter in schwarzen Vasen wirken, haben Sie schon auf der vorhergehenden Seite gesehen. Es folgen nun vier weitere Seiten, auf denen ich Ihnen diese dunklen Farben in den verschiedensten Variationen vorführen möchte.

Die *Primula auricula* vor dunklem Hintergrund, die auf dem Foto rechts oben in ihrem alten Tontopf die Frühlingssonne zu Füßen einer schwarz gestrichenen Stallwand genießt, kommt manchmal auf alten Gemälden vor. Der Strauß auf dem Foto darunter wirkt jedoch moderner. Er setzt sich aus Fuchsschwanz *(Amaranthus)* und mehreren Varietäten des Gänsefußgewächses *Chenopodium quinoa*, einer Verwandten unseres „Guten Heinrichs", zusammen. Die genannten Gewächse gehören zu den wichtigsten Nutzpflanzen in den peruanischen Anden und werden auch in Chile und Argentinien vielfältig verwendet. Das Blatt ißt man dort als Spinat; die in reichem Maße sich bildenden Samen werden nach einer Vorbehandlung zu Mehl verarbeitet. Viele Dörfer haben im Laufe der Zeit noch andere Verwendungsmöglichkeiten entwikkelt; so dient das nahrhafte Gewächs zum Beispiel auch als Viehfutter. Die „Zutaten" zu diesem Strauß habe ich auf einem Versuchsfeld gepflückt und mich dabei auf die Farben Purpur und Braun beschränkt; ein ähnliches Gesteck ist aber auch in Creme oder Beige denkbar. Saatgut von den Fuchsschwanzarten sowie den *Chenopodium quinoa*-Varietäten (zum Beispiel ‚Amachua', ‚Kasala') ist im Handel erhältlich.

SCHÖNE FRUCHTSTÄNDE

Auf diesen Seiten finden Sie zwei Aufnahmen und eine Liste von Gewächsen, die nach einer schönen Blüte auch noch dekorative Früchte entwickeln und auf diese Weise lange ansehnlich bleiben – ob sie nun in Töpfen, in Wassertonnen oder direkt im Erdboden wurzeln.

Die großen Töpfe sind mit Schopflilien *(Eucomis bicolor)* und einer Kalla *(Zantedeschia albomaculata)* bepflanzt. Bei beiden brechen im Herbst die reifen Samenkapseln auf; nach der Winterruhe im Haus erhalten die Pflanzen eine Schicht gedüngte Erde, und schon bald darauf sprießen die Sämlinge hervor. Auf diese Weise ergeben sich mehr als genug Jungpflanzen zur Bepflanzung weiterer Töpfe.

In einer meiner Wassertonnen (Seite 155) blüht Schlangenwurz *(Calla palustris)*, deren Hüllblatt mit dem Fruchtkolben auch im Herbst noch ein schönes Bild abgibt.

Liste von Pflanzen mit schönen Fruchtständen

Allium siculum (syn. *Nectaroscordum siculum)* ist schattenliebend, bildet aufrechte, laternenförmige Früchte.

Die *Anemone multifida* entwickelt nach grünlich-weißer Blüte erdbeerähnliche Samenkapseln.

Der Wundklee *(Anthyllis vulneraria)*, eine ausdauernde Heilpflanze, bekommt dottergelbe Blütenköpfe, bevor sich jedes Samenkorn mit hauchdünnen Häutchen umgibt.

Der Stachelmohn *(Argemone grandiflora)* bringt große papierdünne, schneeweiße Blüten und danach besonders schöne, wenn auch stachelige Früchte hervor.

Die Seidenpflanze *(Asclepias syriaca)* wuchert gerne und braucht daher viel Platz, sie hat nach Honig duftende Blüten, die Bienen anlocken und später stacheligen grüne Samenkapseln bilden.

Aquilegia flabellata wurde schon auf Seite 107 beschrieben.

Die Yamswurzel *(Dioscorea balcanica)* – eine dekorative Topfpflanze, wenn sie an einem Spalier emporranken kann – bildet dreieckige, fleischige, braun gefleckte Früchte aus.

Die Silberwurz *(Dryas octopetala)* entwickelt nach weißer Blüte wollige, weiße Samenstände.

Alle Christrosen- *(Helleborus)*-Arten bilden nach der Blüte einen prächtigen Kranz von grünen Samenkapseln.

Auch die Funkien *(Hosta)* bekommen kräftige, grüne Samenknollen.

Iberis, Nigella, Omphalodes, Reseda und andere „Saatlieferanten" lernten Sie auf Seite 137 kennen.

Der Färber-Waid *(Isatis tinctoria)*, eine zweijährige Pflanze, entwickelt reiche Saatstände voll grünlicher Samenschoten nach gelber Blüte.

Der Silberling *(Lunaria annua)*, auch als Mondviole bekannt, bildet äußerst attraktive Fruchtstände mit flachen, transparenten, silbrig weißen Schoten. Die Sorte ,Sissinghurst White' hat weiße Blüten.

Die leuchtend blau blühende Traubenhyazinthe *(Muscari armeniacum)* bekommt hübsche silbrige Kapseln voll schwarzer Samen.

Die Anemonen *(Pulsatilla vulgaris* und *P. v.* ,Alba') gehören zu den schönsten Frühjahrsblühern. Ihre großen lila bzw. weißen Blüten verwandeln sich später in weiche Samenstände („Teufelsbärte").

Scabiosa prolifera und *S. stellata* sind zwei einjährige Skabiosen. Erstere blüht in zartem Gelb; später entwickeln sich kugelige Samenstände in den Achseln der Seitenzweige. Letztere blüht hellblau und bildet beinahe türkisfarbene Samenstände.

TOPFANTIQUITÄTEN

Auf den folgenden Seiten stelle ich Ihnen eine kleine, aber interessante Auswahl von schönen Gefäßen der Vergangenheit vor: von robustem alten Gebrauchs-Steingut bis zu eleganten Marmorvasen des 17. Jahrhunderts.

Auf dem Tisch und in dessen Nachbarschaft findet sich Gebrauchssteingut aus dem 19. Jahrhundert: links eine Gruppe von Vorratsgefäßen für Korn und andere Lebensmittel, auf dem Tisch ein Ölfaß mit einer Öffnung für den Hahn sowie eine inwendig glasierte Wurstschüssel und drei kleine Krüge; im Vordergrund ein Waschzuber, ganz rechts ein großes geripptes Weinfaß.

Waschzuber, Ölfaß und Vorratsfaß (auf dem Tisch) stammen aus dem spanischen Dorf Calanda, wo Töpferware nicht gedreht, sondern in Wulsttechnik aufgebaut wird. Man schichtet dünne Tonstränge kreisförmig aufeinander, drückt diese mit der Hand fest und glättet das Ganze am Schluß.

Bei dem Tisch handelt es sich um eine optische Täuschung; denn der Faltenwurf entsteht nicht durch ein herabhängendes Wachstuch, sondern ist vollständig aus Zinkblech gearbeitet.

Die beiden prächtigen Gefäße auf diesen Fotos stammen vom Beginn des 19. Jahrhunderts: links ein „Royal-Dalton"-Einmachfaß aus England, rechts eine französische Schlangenvase.

Wenn Sie Gewächse in Gefäßen kultivieren wollen die ursprünglich nicht dazu bestimmt waren, da sie keinen Abfluß besitzen, dann bohren Sie vorsichtig einige Löcher in den Boden. Falls Sie ihre Topfantiquitäten nicht beschädigen wollen, können Sie sich mit einer dicken Schicht von Tonscherben oder auch Bläh-ton-Kügelchen behelfen, die zuunterst in das Gefäß kommt. Bei dieser Lösung darf der Topf allerdings nicht unter freiem Himmel stehen, denn die Regenwasserzufuhr läßt sich schlecht regulieren.

Bei Wassertrögen aus Blei (siehe Seite 165) handelt es sich überwiegend um englische Produkte des 18. Jahrhunderts, von denen sich einige bis heute erhalten haben. Das nebenstehende Exemplar stammt, wie noch deutlich zu erkennen ist, aus dem Jahre 1729. Im National-Trust-Garten von Sissinghurst, Kent, steht ein ähnlicher Trog; einen weiteren, besonders schönen, haben der Antiquitätenhändler Robert Kime und seine Frau Helen Nicol, die Kinderbuchautorin, auf ihrem Grundstück in Wiltshire aufgestellt. Eine Abbildung davon findet sich in dem Buch „Der Wohngarten" von Elizabeth Dickson, Gerstenberg Verlag, Hildesheim.

Regenwasser, das in solchen Trögen aufgefangen wird und genügend abgestanden ist, eignet sich hervorragend zum Tauchen von Topfpflanzen – ganz besonders natürlich für Arten, die keinen Kalk vertragen, wie zum Beispiel Kamelien.

Die antiken Calanda-Töpfe zur Linken sind mit blühenden Schilfgräsern gefüllt. Sie werden von „Last"-Schildkröten aus Terrakotta flankiert.

1729

Auch Brunnen mit zusätzlichem Wasserbecken kann man gut zum Gießen und Tauchen von Topfgewächsen benutzen, vor allem wenn kalkfreies Grundwasser zur Verfügung steht.

Das hier abgebildete, besonders schöne Exemplar aus Stein stammt etwa von 1650 und befindet sich, wie so viele weitere Gefäße in diesem Buch, auf dem Grundstück von Schloß 's Gravenwezel.

Das schlichte, runde, rosafarbene Steinbecken wurde am Ende des 17. bzw. zu Beginn des 18. Jahrhunderts hergestellt.

Solche prächtigen alten Gefäße sollte man nur als eine Art „Übertopf" benutzen. Sie nehmen keinen Schaden, wenn man zum Bepflanzen einen Innentopf verwendet. Und auch die Pflanzen ziehen eine solche Methode vor, da ihr Wasserhaushalt exakter zu regeln ist. Sogar wenn ein schönes Becken lediglich mit Wasser gefüllt ist, kann es eine Gruppe von Topfpflanzen verschönern und südländische Stimmung erzeugen.

Zu den Seiten 168/169
Sehr dekorativ wirkt ein Wassertrog, wenn er (wie auf Seite 169 zu sehen ist) in einer Mauernische steht. Der Wasserspeier stammt aus dem 20., der Trog aus dem 19. Jahrhundert. Er leistet gute Dienste als Tauchbekken und Gießwasser-Reservoir.

Die helle Steinvase auf dem dunkleren Sockel aus dem 18. Jahrhundert (Seite 168) zeigt, daß schöne Gefäße keineswegs immer bepflanzt sein müssen, um sich von ihrer besten Seite zu zeigen. Der italienische Marmorkopf mit dem griechischen Profil stammt aus dem 17. Jahrhundert.

Im Zentrum dieses schönen portugiesischen Innenhofes präsentiert sich ein Delphin-Brunnen von der Mitte des 18. Jahrhunderts, der von dichten, im Erdboden wachsenden *Strelitzia*-Büschen flankiert wird. Eine Reihe heller Töpfe mit *Clivia nobilis* (und zwar der älteren Variante mit hängenden Blüten) rundet das Bild ab – ein Beweis dafür, daß Topfpflanzen niemals unpassend wirken, auch bei den schönsten Antiquitäten nicht.

GEMÜSE

Im hinteren Teil meines Gartens habe ich eine „Gemüseterrasse" mit besonderen Delikatessen angelegt. Hier reifen Petty-Pan-Kürbisse, Ananaskirschen und Auberginen, Gurken, Erdbeeren, Rharbarbar und Amerikanische Blaubeeren. Der „Weiße Prinz", mein Pfau, thront friedlich auf dem Dach. Manchmal aber stört er – weniger friedlich – meine Idylle und bereitet mit seiner Familie dem Obst, Rotkohl und Schnittlauch ein jähes Ende: Topfpflanzen als Pfauenfutter! Dieses Stillleben breitet sich umseitig vor Ihnen aus.

Der Tisch voll Exoten auf der linken Seite bietet den ganzen Sommer über ein reizendes Schauspiel. Die grünen Minifrüchte der beiden Paprikapflanzen (*Capsicum annuum* ‚Golden Calwonder') verwandeln sich allmählich in stattliche tiefgelbe, saftige Exemplare. Paprika muß stets im warmen Zimmer vorgezogen werden, damit er sich bereits weit entwickelt hat, wenn er im Sommer ausgepflanzt wird.

Das kleinere Mörsergefäß beherbergt zwei *Chayote*-Kletterpflanzen. Sie stehen hier erst am Anfang ihres Wachstums; spätere Entwicklungsstadien finden Sie auf den Seiten 180/181.

Im dritten Mörser wächst eine junge Papaya (*Carica papaya*), die ich allerdings nicht selbst herangezogen, sondern in einer Gärtnerei erstanden habe. In dem Henkeltopf unter der hohen Glasglocke wachsen ‚Sweet Mamma'-Kürbispflanzen allmählich heran. Was aus ihnen später wird, sehen Sie auf den Seiten 178/179. Bei meinen Glasglocken handelt es sich um seltene alte Stücke; da aber eine rege Nachfrage entstanden ist, werden sie heute in den Glashütten wieder geblasen.

Die Nahaufnahme unten dokumentiert einen meiner Erfolge als Gärtnerin. Es ist mir nämlich gelungen, „Squash"-Kürbisse in Töpfen heranzuziehen, genau gesagt die Sorte ‚Petty Pan', die auch unter den Namen ‚Peter Pan' bzw. ‚Patisson' bekannt ist. In England heißt sie ‚Custard Marrow' und ‚Scalloped Summer Squash'.

Im Jugendstadium ähneln die Früchte manchmal grünlich-weißen

Blüten. Sie sind dann eine wahre Delikatesse, besonders wenn man sie noch mit dem Blütenrest ißt. Sogar die männlichen Blüten (also ohne Frucht) sind eßbar. Auch ausgereifte Früchte haben einen vorzüglichen Geschmack.

‚Lollo Rossa' und ‚Sweet Mamma'

Auf diesen beiden Seiten führe ich Ihnen einen sowohl schmackhaften als auch sehr zierenden Salat mit gekräuselten rotgeränderten Blättern (der unter dem Namen ‚Lollo Rossa' bekannt ist) sowie ‚Sweet Mamma', eine dunkelgrüne Kürbissorte, vor.

Eine halbe Tüte ‚Lollo Rossa'-Saat reichte aus, um den großen viereckigen Trog, den Erdbeertopf mit den von Hand angesetzten Pflanz-„Balkons" und die vielen kleinen Behälter auf S. 179 mit Salatköpfen zu versehen. Alle gediehen gut, und der Erdbeertopf legte sich sogar eine so prächtige Salat-„Perücke" zu, daß ich davon nicht zu ernten wagte. Diese Salatsorte macht nach dem „Schießen" einen besonders schmucken Eindruck (siehe das kleine Foto oben rechts), so daß Sie sich vorstellen können, wie attraktiv der Erdbeertopf später ausgesehen hat. Geschossener Salat läßt sich übrigens auch in Blumensträußen verwenden.

Die zwei ‚Sweet Mamma'-Pflanzen in dem relativ kleinen Henkeltopf (die auf Seite 174 noch im Schutze der Glasglocke wachsen) haben sich eigenartigerweise besser entwickelt als die fünf Geschwister in dem größeren Gefäß – aber ich bin froh, daß es mir überhaupt gelungen ist, Kürbisse in Töpfen zu ziehen.

Gemüsearten mit roten Farbtönen

Neben der genannten ‚Lollo Rossa' gibt es noch weitere Salatsorten in ähnlicher Farbe, so zum Beispiel den Kopfsalat ‚Inka' und ‚Wunder der vier Jahreszeiten', die rote Endivie ‚J.W.22', den Pflücksalat ‚Red Saladbowl', den Eisbergsalat ‚Rosa' und – nicht zu vergessen – den prächtig dunkelroten „Eichblatt"-Salat.

Die kleinen, tiefroten italienischen „Salat"-Köpfe, die man unter dem Namen ‚Rossa di Verona' kaufen kann, gehören, botanisch gesprochen, nicht zu den Salaten (*Lactuca sativa*), sondern sind eine Chicorée-Sorte (*Cichorium intybus*).

Falls Sie noch weiteres rotes Gemüse suchen, kann ich Ihnen die Frühlingszwiebel ‚Santa Claus', die ohne Abdeckung gedeihende Chicorée-Sorte ‚Rubin' mit dem schönen purpurroten Rand, sowie für den Winter die rote Rosenkohlsorte ‚Rubin' empfehlen. Mein eigener fiel den Pfauen zum Opfer, bevor der Fotograf zur Stelle sein konnte.

Intensiv gefärbt und sehr schön ist der rote Mangold (*Beta vulgaris*), der unter dem Namen ‚Ruby Chard' im Handel ist. Etwas dunkler fällt die Sorte ‚MacGregor's Favourite' aus, die sich bereits in viktorianischer Zeit einiger Beliebtheit erfreute – und zwar nicht als Gemüse, sondern als Zierpflanze.

Der Erdbeertopf

Der Erdbeertopf war ursprünglich dazu gedacht, auf kleinstem Raum Erdbeerpflanzen heranzuziehen, deren Früchte hoch über der Erde hingen und damit trocken und sicher vor aufspritzendem Sand waren. Daß dieses Gefäß sich genauso gut für andere Pflanzen eignet, haben Sie wiederholt in diesem Buch festgestellt, und auch auf diesen Seiten können Sie sich nochmals davon überzeugen, wie vielseitig der Topf ist.

Das hier abgebildete Trio besticht durch seine Schlichtheit: Links die creme-farbigen Erdbeeren *(Fragaria vesca* ‚Yellow Wonder‘, siehe auch Seite 183), in der Mitte die lustig gekräuselten Köpfe des ‚Lollo Rossa‘-Salats, rechts das Veilchen ‚Milky Way‘.

Andere Bepflanzungen

Erdbeertöpfe sind ein attraktives Extra im Kräutergarten und können diesen sogar ersetzen. Vielerlei Thymianarten eignen sich zur Bepflanzung, wie Sie auf Seite 176/177 sehen. Sie können den Topf einheitlich mit Ihrer Lieblingsart füllen oder in jede Öffnung eine andere Thymiansorte setzen.

Unaufdringliche Kräuter, wie zum Beispiel das kriechende Bohnenkraut *(Satureja repens,* siehe S. 176/177), die kräftige Poleiminze *(Mentha pulegium)* oder das einjährige Basilikum, sind ebenfalls schön.

Weiter sind viele kriechende Gewächse, also die Bodendecker, dazu geeignet, mit ihren Ranken den Topf zu umspielen. Denken Sie zum Beispiel an das lilarosa Blatt des Kriechgünsels *(Ajuga reptans* ‚Burgundy Glow‘) und die anderen Farbschattierungen dieser Pflanze (siehe S. 122). Wählen Sie Stachelnüßchen *(Acaena*-Arten) mit ihren beige-farbenen Blüten, oder einen Frühlingstopf voll Küchenschelle *(Pulsatilla vulgaris),* die auch nach der Blüte mit ihren seidenweichen Samenbüschelchen noch schön aussieht. Wohlriechender Waldmeister *(Asperula odorata)* und der rosa blühende Sauerklee *(Oxalis acetosella* ‚Rosea‘) brauchen wenig Licht, ebenso das Wohlriechende Veilchen *(Viola odorata),* sowie *Viola cucullata,* und das rankende Veilchen *(Viola labradorica,* siehe S. 149). Der Ziest *(Stachys olympica)* breitet eine wollige Silberdecke über den Topf aus; *Alchemilla alpina,* eine kleinere Verwandte des Frauenmantels *(Alchemilla mollis)* macht das gleiche in Silber mit weißem Spitzenrand.

Eine große Zahl der rosettenbildenden Sukkulenten, wie die *Sedum*-Arten, *Sempervivella, Sempervivum, Echeveria* und *Orostachys* sind ebenfalls gute Pflanzen für den Erdbeertopf. Sogar sukkulente Zimmerpflanzen können in diesem Topf im Sommer draußen und im Winter drinnen stehen.

Mit Frühlingszwiebeln kann man fröhliche Arrangements zaubern: Pflanzen Sie auf jeden ‚Balkon‘ eine dicke Multiflora-Hyazinthe, die mehrere Blütenstiele aus ihren Zwiebeln emporschickt, oder eine Vielzahl von Krokussen, Blausternen *(Scilla),* Traubenhyazinthen *(Muscari)* oder Schneeglöckchen *(Galanthus),* und Ihr Erdbeertopf wird zu einem Mini-Frühlingsfest erblühen. Die Zwiebeln können Sie nach der Blüte in den Erdboden setzen, um Platz für Sommerblüher zu schaffen, wie die einjährigen Lobelien, *Hebestreitia* und Vergißmeinnicht, aber auch für Sommerzwiebeln, wie zum Beispiel Schopflilien *(Eucomis autumnales),* Jakobslilien *(Sprekelia)* und die *Babiana,* eine Schwertliliengattung.

KÜRBISSE

Kürbisse, diese imposanten Ranker mit ihren vielgestaltigen Früchten und faszinierenden Farben – vom leuchtendsten Orange bis zum zartesten Hellgrün – gehören zu meinen Lieblingsgewächsen. Sie überdecken in einer Saison ganze Felder, Komposthaufen oder unansehnliche Mauern mit einem Meer von kräftigen, frischgrünen Blättern, riesigen Mengen von schönen gelben Blüten und üppigen Früchten. Die letzteren sind nicht nur schmackhaft als Süß-Saures oder in Suppen, sondern auch unübertroffen als natürliche Zierformen. Deshalb auf den nächsten vier Seiten: Bühne frei für den Kürbis und seine Familienmitglieder!

Auf dem Gartentisch sehen Sie eine Komposition mit einem Topf voll ,Sweet Mamma'-Kürbissen (siehe Seite 178/179), deren Ranken den eingekerbten Kürbis aus Surinam (der sich jahrelang hält) auf der linken Seite und die Wassermelonen rechts überwuchern. Verschiedene Wassermelonen-Arten (*Citrullus vulgaris*, wie der Kürbis zu den *Cucurbitaceae* gehörend) halten sich ebenfalls lange als Dekorationsobjekte. Hier sind es der gefleckte ,New Dragon' und die grau bepuderte ,Blue Hill'.

Melonen als Schmetterlingsnahrung

Schmetterlinge saugen nicht nur den Nektar aus Blüten, sie lieben auch die Süße überreifen Obstes, wie man deutlich auf dem Bild unten sehen kann, wo sie sich gerade an saftigen Melonenstücken gütlich tun.

Kürbisse im Töpfen liefern zwar einen weniger reichen Ertrag als in der Freilandkultur, aber die Früchte stellen eine Zierde in Topfgruppen dar. Die zarten Farbnuancen der Kürbisse verleihen der Terrakotta-Wanne das gewisse Extra.

Kürbisse in allen Formen und Farben

Bis vor etwa zehn Jahren gab es mehr nach Farben gezüchtete Kürbisse auf dem Markt als heute. Der große gelbe ‚Centenaar', häufig als größte Züchtung preisgekrönt, wird augenblicklich nur in seiner Grundfarbe angeboten, ‚Sweet Mamma' nur in reinem Grün, ‚Gold Nugget' in reinem Gelb, ‚Golden Debut' in reinem Orange und ‚Table King' in Goldgelb. Wer sie jedoch nahe beieinander aussät, erhält im nächsten Jahr mit großer Wahrscheinlichkeit Kreuzungen. Aus reifen Kürbissen kann man gut selber Samen gewinnen. Die Früchte müssen dazu gespült, getrocknet und danach kühl und luftig aufbewahrt werden. Wer Samen von besonderen Arten, wie den ‚Butternut Squash', haben möchte, kann ein reifes Exemplar bei seinem Gemüsehändler erstehen und davon die Samen sammeln. Auch von tropischen Arten, wie den schön gekerbten auf Seite 189 und den spitzen auf Seite 181, lassen sich gut Samen gewinnen. Nur sollten diese, wie auch die Melonensamen, im Wintergarten oder Gewächshaus ausgesät werden, weil diese Kürbisse im Freiland nicht genügend reifen. Eine lustige Sorte ist der ‚Spaghettikürbis', dessen Samen überall erhältlich sind. Wenn die Frucht als Ganzes gekocht wird, sieht das Fruchtfleisch danach wie Spaghetti aus.

Die Kürbisse auf diesen Seiten stammen von einer einzigen Ernte. Man könnte meinen, es seien zu viele für die Verpflegung von nur einer Familie; doch im Laufe des Winters nahm der Berg rasch ab: die Früchte wurden in Suppen und anderen Gerichten verarbeitet, und viele Freunde und Bekannte ließen sich gerne beschenken und nahmen die Kürbisse zum Essen oder zu Dekorationszwecken mit. Mehrere Kürbisse habe ich eingemacht.

Bitte beachten Sie auch den Tisch. Es handelt sich um eine preiswertere Ausgabe des schönen Exemplares von Seite 53. Hier sind die Sockel aus dunkelgrau gestrichenem Beton, die Platte ist in der gleichen Farbe gehalten.

FRISCH GEERNTETE GEWÜRZE

Ein Hauch von Ingwer, eine Prise Safran: Diese exotischen Gewürze können Sie frisch ernten, wenn Sie Ihre Blumentöpfe und Kübel zum Kräutergarten machen. Viele Würzkräuter sind leicht zu ziehen und schmecken besser als im Laden gekaufte.

Die Ziffern in der Strichzeichnung bedeuten:

1 Rosmarin *(Rosmarinus officinalis)*: immergrüner, verzweigter Busch, leider nicht ganz winterhart, obwohl er eine Reihe milder Winter im Freien übersteht.

2 Zitronenblatt *(Aloysia triphylla,* syn. *Lippia citriodora)*: von allen nach Zitronen duftenden Gewächsen hat diese Zitronenverbene das frischeste Aroma.

3 Ingwer *(Zingiber officinale)*: zwei Töpfe mit Ingwerpflanzen, weil das Blatt köstlich duftet. Im ovalen Topf wächst auch der Wurzelstock, der geschält den echten Ingwer liefert. Frisch geriebene Ingwerwurzel ist aromatischer als gekauftes Ingwerpulver.

4 Apfelminze *(Mentha rotundifolia* ,Variegata'): schmeckt gut als Kräutertee und ist schön in Blumensträußen.

5 Chinesischer Schnittlauch *(Allium tuberosum)*: ist sehr intensiv im Geschmack und blüht den ganzen Sommer über prächtig.

6 Zitronengras *(Cymbopogon citratus)*: als ,Sereh' ein Gewürz der indonesischen Küche, schmeckt frisch geerntet anders als die trockenen Hälmchen aus der Tüte.

7 Das Aronstabgewächs *Xanthosoma sagittifolium*, auch ,Tajerblatt' genannt, gilt als das schmackhafteste tropische Blattgemüse. Man kocht es wie Spinat oder verwendet es als Suppengemüse.

8 Ingwerminze *(Mentha suaveolens)*: duftet nach Minze und Ingwer, hat ein hellgelb geädertes Blatt.

9 „Currypflanzen" *(Helichrysum angustifolium* und *Helichrysum serotinum)*: ihre silbrigen Nadeln geben Huhn- und Eiergerichten ein leichtes Curry-Aroma.

10 Süßholz *(Glycyrrhiza glabra)*: seine Wurzelstöcke sind nicht nur süß, sondern auch heilkräftig.

11 Das Zitronellgras (*Cymbopogon nardus*) findet nicht in der Küche, sondern als Öl gegen Mücken Verwendung.

12 Basilikum *(Ocimum basilicum)* ist ein vielseitiges, aromatisches Gewürzkraut.

13 Die silbrige Thymiansorte *Thymus citriodorus* ,Silver Queen' duftet nach Zitronen.

14 Safranwurz *(Curcuma domestica)*: eine Gelbwurzel, die zu den Ingwergewächsen gehört.

Kräuterschätze für die Küche

In den Henkeltöpfen auf Seite 194 wächst der nach Zitronen duftende Thymianbusch *(Thymus* ‚Doone Valley') und goldgelbe Majoran *(Origanum vulgare* ‚Aureum'). Die Jungpflanzen der Echten Salbei *(Salvia officinalis* ‚Aurea') mit den goldgelb gestreiften Blättern in der flachen Schüssel haben eine Unterpflanzung von *Thymus citriodorus* erhalten.

Das weiß blühende, aromatische Bohnenkraut auf dem Foto unten Mitte trägt die botanische Bezeichnung *Satureja repens*.

Kräuter in kräftigem Purpur

Auf dem Foto unten ist eine Kräutergruppe in Rosa und Purpur abgebildet. Die stark duftende Poleiminze *(Mentha pulegium)* wächst auch im Topf rasch zu einem üppigen Kissen heran. Der Majoran *(Origanum vulgare)*, der als Küchengewürz sehr beliebt ist, wird von Schmetterlingen favorisiert: Pfauenaugen, Kohlweißlinge und Kleine Füchse tanzen über den rosafarbenen Blütenköpfen, daß es eine Lust ist, zuzuschauen. Links daneben steht ein großer Topf mit Pfefferminze *(Mentha × piperita* var. *citrata)*, deren duftende Ranken über den Topfrand bis auf die Terrasse hinunterwachsen. Diese Minze schmeckt überaus angenehm in Obstsalaten, Desserts und Getränken. Rechts, in dem Topf mit dem Wellenrelief, wächst eine *Salvia officinalis* ‚Purpurea'.

Im Erdbeertopf lassen sich zwei verschiedene Thymian-Arten unterscheiden: oben wachsen einige Büsche *Thymus vulgaris*, in den kleinen Öffnungen rundherum Pflänzchen des *Thymus* ‚Doone Valley'.

Abschließend folgen zwei Beispiele dafür, daß kleine Kräutertöpfe selbst in einem Schloßgarten nicht fehl am Platz sind. Hier stehen sie so, daß man im Vorbeigehen mit der Hand daran entlangstreifen und ihr Aroma genießen kann. Die Steinsockel auf dem Foto zur Rechten stammen aus dem 19. Jahrhundert, während der wertvolle Tisch zur Linken im 18. Jahrhundert aus dem feinkörnigen Naturstein „massa serena" gehauen wurde.

WINTERPFLEGE

Welche Töpfe können ohne weiteres im Winter draußen bleiben? Und welche sollte man hereinholen, um sie vor Frost zu schützen? Diese Fragen lassen sich kaum exakt beantworten, denn immer wieder erlebt man Überraschungen: Steingut, dem man nicht viel zutraute, überlebt jahrein, jahraus Regen und Frost; und vermeintlich stabile Töpfe, von denen man das nie erwartet hätte, erleiden in einem milden Winter unreparierbare Schäden.

Es ist keineswegs so, daß die teuren Töpfe immer ausdauernder sind als die preiswerteren – wie es auch ein Irrtum ist anzunehmen, daß die eine Töpferei in jedem Fall besser ist als die andere. Ein Beispiel hierfür sind die „Melonen"- und die Korbtöpfe von demselben Fabrikanten: die ersteren können unverwüstlich sein, während die „Körbchen" hin und wieder ein Stück von ihrem Rand verlieren.

Dennoch gibt es einige Faustregeln, die Sie beherzigen sollten, um Ihre Topfsammlung möglichst vollständig über den Winter zu bringen.

Zuallererst ist wichtig, daß Töpfe, die in der kalten Jahreszeit draußen bleiben, eine Abflußöffnung besitzen – am besten in Verbindung mit einer nicht zu knapp bemessenen Schicht von Tonscherben oder -kügelchen für die Dränage. Ohne solche Maßnahmen bleibt in den Töpfen das Regenwasser stehen; bei Frost wird es zu Eis und dehnt sich dabei aus – mit der unweigerlichen Folge, daß der Topf zerspringt. Dies gilt für alle Gefäße aus nicht flexiblem Material, gleichgültig, ob es sich um Ton, Gußeisen, Glas, Holz oder glasierte Terrakotta handelt. Etwas geringer ist die Gefahr, wenn die Topfpflanzen einen überdachten Standort haben, so daß Sie die Wassermenge selbst bestimmen können.

Also nochmals: Töpfe und andere Gefäße ohne Dränage müssen vor der eigentlichen Frostperiode ins Haus geholt werden – ein vereinzelter Nachtfrost hingegen wird kaum Schaden anrichten.

Eine Ausnahme von dieser Regel bilden die geküferten Tonnen und Fässer, in welchen Sie Wasserpflanzen ziehen; diese schweren Gefäße zweimal jährlich in Bewegung zu setzen ist unmöglich – und auch unnötig, wenn Sie nicht vergessen, täglich ein Loch in die Eisfläche zu hakken, und zwar bis zu dem noch nicht gefrorenen Wasser hinunter. Dieses steht anfangs unter starkem Druck und sprudelt durch den entstandenen Spalt heraus. Erst wenn dies nicht mehr geschieht, wenn also der überwiegende Wasseranteil zu Eis geworden ist und der Rest keinen nennenswerten Druck mehr aufbauen kann, besteht für Ihre Wassertonnen keine Gefahr (Wie Ihr Fachhändler Ihnen gerne erläutern wird, kann man die Wasseroberfläche ebensogut mit mechanischen Hilfsmitteln aus Plastik eisfrei halten). Wenn Sie in Ihrer Seerosentonne Fische haben, müssen Sie diese vor dem Einsetzen der Frostperiode herausnehmen; denn auch in großen Tonnen friert das Wasser bis zum Boden, und Leben ist dann nicht mehr möglich – vom Füttern ganz zu schweigen.

Um sicherzustellen, daß ein Überschuß an Wasser schnell genug abfließen kann, sollten auch Töpfe mit einer funktionierenden Dränage etwas aufgebockt werden, und zwar mit Hilfe zweier Holzlatten oder einiger Steine; aber es gibt auch „professionelle" Untersetzer im Handel, die denselben Zweck erfüllen. Eine solche Vorsichtsmaßnahme ist besonders bei „topfebenen" Terrassen- bzw. Balkonböden zu empfehlen. Unter Umständen saugt sich der Topf durch die Kapillarkraft der Wurzeln förmlich fest, so daß das Wasser nicht abfließen kann und der erste Frostschaden am Topfboden auftritt. Bei unebenem Untergrund, etwa Kopfsteinplaster, ist die Wahrscheinlichkeit für ein „Festsaugen" gering.

In den Gärten von Landgütern oder Schlössern werden steinerne Statuen, Vasen, Urnen und dergleichen zum Überwintern eingepackt, und zwar meist in eine isolierende Strohschicht, über die man eine wasserdichte Hülle zieht. Die Betonung liegt auf „wasserdicht", denn Stein (und dazu gehört auch Marmor), selbst wenn er noch so gut poliert ist, nimmt in mikroskopisch kleinen Ritzen Feuchtigkeit auf, die bei Frost eine Sprengwirkung entfalten.

Es liegt auf der Hand, daß Töpfe aus poröser Terrakotta eher unter Frost leiden als solche aus weniger porösem Steingut; denn letzteres ist beim Brennen hohen Temperaturen ausgesetzt worden. Es gibt auch Gefäße mit speziell wasserabstoßendem Finish, das die Gefahr der Frostsprengung vermindert; die dafür benutzten Materialien „atmen" allerdings fast nicht, und das schadet den Pflanzen.

Töpfe mit Verzierungen an den Außenseiten (Girlanden, Köpfen etc.) sind empfindlicher als andere – was verständlich wird, wenn man sich die Herstellungsweise vor Augen hält: Für die verschiedenen Verzierungen gibt es jeweils Hohlformen, die mit Töpferton ausgefüllt und sodann an den frisch gedrehten Topf „geklebt" werden. Hierbei läßt es sich nicht vermeiden, daß zwischen Topfwand und Ornament winzige Hohlräume entstehen. Wenn sich hier Feuchtigkeit einnistet, kann die Schmuckform bei Frost leicht abspringen. (Mit Hilfe eines Steinklebers läßt sie sich allerdings ebensoschnell wieder befestigen). Bei teuren Töpfen werden die Ornamente häufig mit Stiften versehen, so daß man eine größere Lebensdauer erwarten darf.

Es liegt auf der Hand, daß die empfindlichsten Gewächse in die empfindlichsten Gefäße gepflanzt werden müssen, damit sie gemeinsam frostfrei überwintern können. Dies betrifft alle *Citrus*-Arten, *Eugenia*, *Melianthus*-Vertreter, *Echeveria* und andere (sub)tropische Sukkulenten, wie auch die nicht winterharten Zwiebelgewächse – *Hymenocallis*, *Eucomis*-Arten, *Zantedeschia* und *Ornithogalum arabicum*, um nur einige zu nennen. Die Zwiebeln sind am einfachsten zu handhaben, da sie weder Licht noch Wasser zum Überwintern benötigen – sie können dunkel und trocken lagern, notfalls auch übereinandergestapelt in einer Ecke. Allerdings dürfen Sie im Frühjahr den Zeitpunkt nicht verpassen, wenn die ersten grünen Triebe sprießen, denn dann möchten die Zwiebeln wieder einzeln stehen und gegossen sowie gedüngt werden.

Schutz für den Wurzelballen

Wer sich um die Gefäße keine Sorgen machen muß, jedoch eine Schädigung der Wurzelballen befürchtet, sollte spezielle Vorkehrungen treffen.

Die meisten wirklich winterharten Gewächse können in einem intakten Topf auch bei strengstem Frost draußen bleiben. Hierunter fallen die *Hosta*, fast alle Lilien (außer *Lilium longiflorum*), die beiden Fetthennen *Sedum spectabile* und *Sedum* ,Ruby Glow', die Akelei, *Geum*-Arten, Minzen und andere Kräuter.

Besonders gefährdet sind die wertvollen Schnittformen des *Buxus*, denn in einem Topf sind sie nicht mit Sicherheit winterhart. Viele Buchsbaumfreunde schützen daher die Sträucher, indem sie das Gefäß mit Noppenplastik (Kunststoff-Folie mit Luftpolstern) oder dünnen Styropor-Platten ausfüttern. Da bei dieser Methode aber der Wurzelballen keinen Kontakt mehr mit dem „atmenden" Topfmaterial hat, ziehe ich eine andere Methode vor: Bei anhaltendem, strengem Frost umwickele ich die Töpfe zunächst mit einer isolierenden Strohschicht, dann zusätzlich mit einer Schilfmatte und manchmal auch noch mit Noppenplastik. Die kleineren, transportierbaren Töpfe hole ich bei extremen Temperaturen ins Haus. Solche Perioden dauern in unseren Breiten gewöhnlich nicht lange, und daher ist dieses Vorgehen durchaus zumutbar. Auf dieselbe Art und Weise behandle ich auch die Ligusterfiguren (*L. henryi* und *delavayanum*), und sie vertragen das ausgezeichnet. Während der strengsten Kälte dürfen der „Pfau" und der „Trinkende Vogel" ins Haus; danach aber setze ich sie gleich wieder ins Freie, damit sie nicht vorzeitig austreiben. Überhaupt sollte man keine Pflanzen verzärteln.

Die große *Gunnera manicata* in der „Schlammtonne" erfährt eine Spezialbehandlung. Sie ist sehr dekorativ, aber keineswegs winterhart, und daher erhält sie bereits beim ersten Nachtfrost eine alte Pferdedecke als Schutz. Bei weiter fallenden Temperaturen umkleide ich die Tonne samt Inhalt mit Noppenplastik; und während einer strengen Frostperiode ummantele ich das Ganze noch mit Strohballen. Natürlich ist der Anblick unschön, aber man braucht ihn ja nicht lange zu ertragen. Wer über einen geräumigen Wintergarten oder ein frostfreies Gewächshaus – und natürlich kräftige Helfer – verfügt, kann seine „Schlammtonne" auch dort überwintern lassen.

Das Bild auf Seite 200 zeigt in der französischen Henkelvase eine besondere Wolfsmilchart (*Euphorbia mellifera*), die duftende Blütenstände bildet. Weder Pflanze noch Vase sind winterhart und müssen daher während einer Frostperiode hereingeholt werden.

T

V

W

X, Y

Z

INHALT